✤ 中国移动电信演讲

✤ 车商VIP荣威 MG车主
《人体健康自然疗法筋抗衰》演讲

浙江千人明星晚会演讲

✤ 精品导报《女人爱美丽》

✤ 苏州舞蹈俱乐部 悠季瑜伽 培训

✤ 上海首届CFS国际流行整骨塑身技术 培训

丹阳SPA会所首届秋季健康养生沙龙会

❖ 新都一中8000人姿势矫正演讲

❖ 张富源老师给北京菲凡天颜美容健康管理机构员工做示范

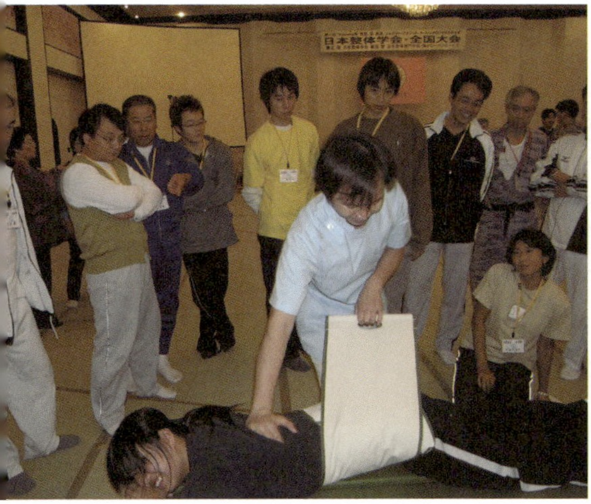


第一回日本整体学会全国大会
张老师现场示范

第二回日本整体学会全国大会

第四回日本整体学会全国大会

日本整体学会代表来台访问合影

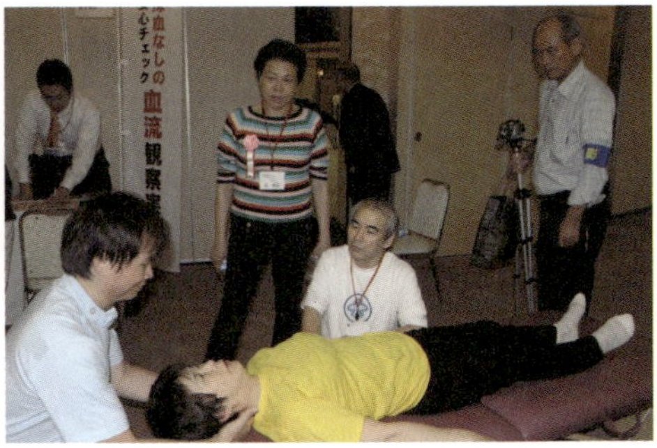

日本整体学会代表来台访问
与会长上野力信先生交流技术

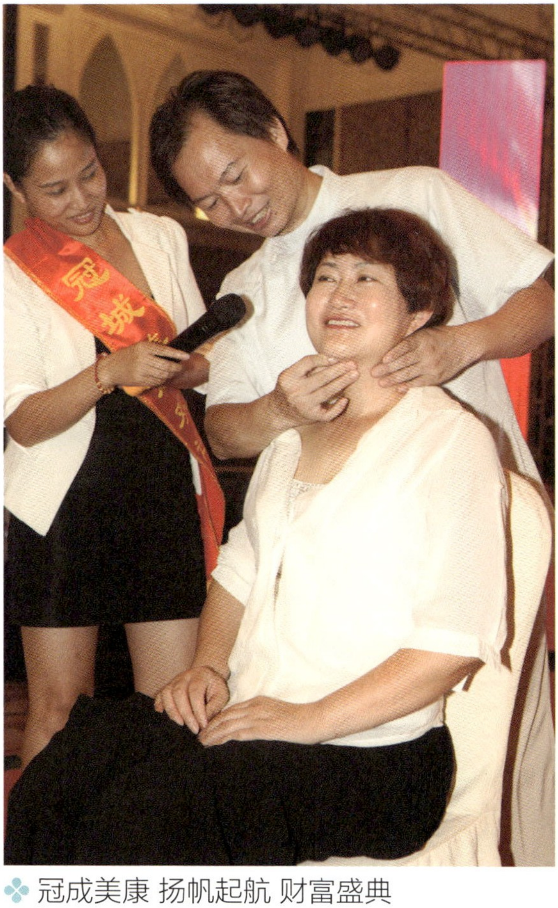

冠成美康 扬帆起航 财富盛典

2007年广西培训会合影

手臂姿势减肥培训

眼周喷雾应用课程

✤ 江苏卫视《最强大脑》“摸骨识人”现场

# 姿势对了你就美了

改变形象
从现在开始

张富源/著

Posture for Beauty

北京大学出版社
PEKING UNIVERSITY PRESS

**图书在版编目(CIP)数据**

姿势对了，你就美了 / 张富源著．—北京：北京大学出版社，2014.4

ISBN 978-7-301-23844-8

I．①姿…　II．①张…　III．①形体－健身运动　IV．①G831.3

中国版本图书馆CIP数据核字（2014）第019466号

**书　　　名：姿势对了，你就美了**
著作责任者：张富源　著
责 任 编 辑：宋智广　代　卉
标 准 书 号：ISBN 978-7-301-23844-8/C · 0983
出 版 发 行：北京大学出版社
地　　　址：北京市海淀区成府路205号　100871
网　　　址：http://www.pup.cn　　新浪官方微博：@北京大学出版社
电 子 信 箱：rz82632355@163.com
电　　　话：邮购部62752015　发行部62750672　编辑部82632355　出版部62754962
印　刷　者：北京艺堂印刷有限公司
经　销　者：新华书店
787毫米×1092毫米　16开本　13印张　149千字
2014年4月第1版　2015年5月第8次印刷
定　　　价：39.00元

---

# 前言
# Preface

## Beauty & Healthy

幼时的我体弱多病，常常吃药打针，但是我发现药物对我的身体并没有多大帮助，而且心中常存着一个疑问——为什么我不能像别的小孩一样身强体壮，而必须经常吃药打针呢？

也许是受了武侠剧的影响吧，那时的我经常涌起想要习武强身的念头。记得上初中的时候，村子里的寺庙请来了几位师父，给村里的孩子传授武术，以组成宋江阵，我当然不会放过这个千载难逢的机会。就这样，经过了武术锻炼，我的身体果然是越来越强健了。在师父的讲解下，我第一次接触到了十二时辰点穴要诀、经脉穴道的运行规则，让我觉得人体充满了奥妙，因此对于不必吃药就能让人恢复健康的方法，产生了非常浓厚的兴趣。

后来，因缘际会下，我进入了医学美容领域，这期间我当然也经历了不少瓶颈，所幸上天安排了许多贵人帮助我，多次给予我机会，让我成就了一番小事业。

之后为了完成一个女孩子的愿望，本着不吃药也能健康的原则，我开始在徒手整形、塑身减肥方面进行研

究。二十几年前，美容界已经开始逐渐引入一些自然疗法，与此同时我也吸收到了各种自然疗法和美容应用结合的成功经验，再加上与日本友人的经验交流及资料分享，我如愿以偿地跨入轮廓和体形矫正的医美领域。

在台湾，我教导过很多爱美的女孩子们自我雕塑身材和轮廓的方法。那么，如何只用两只手就能做出很多必须靠开刀才能达到的效果呢？其实很多问题并不是光靠开刀就可以解决的，例如比较宽的骨盆就只能依靠徒手的调整来缩小骨盆的宽度。相信有很多读者都曾经在不同的电视节目上看过我帮明星整骨的现场表演，电视上实际呈现出的效果常令人惊讶不已。我也因此接到许多爱美心切的观众的咨询电话，许多报刊也经常介绍我的DIY塑身法，让许多爱美的女性认识了这个方法，而想进一步从中受益。

但毕竟我只有一双手而已，无法为每个想要变美的女性雕塑身材，于是我将这些实用的知识融入本书中，期望将我的研究成果和经验分享给更多爱美的女性，这是最令我感到高兴的事情。书中介绍的都是经过我26年来实际验证且有不错效果的方法，想要塑身的朋友可以依照你的自身需要，按照书中示范的方法进行自我雕塑。尤其是有局部肥胖困扰的人，更是需要阅读本书，记得千万不要为了局部的赘肉而使用全身减肥法，结果该瘦的部位没瘦下来，不该瘦的部位却意外地消瘦了许多，那就真的得不偿失了。我还要特别提醒大家，书中的方法都必须亲身体验，才能达到理想的效果，所以别光只看书而已，快点认真地行动起来吧！最后，预祝大家借由本书教导的动作技巧，获得美丽和健康！

张富源

2014年2月24日

# 目录
# Contents

## 第一章

## Chapter 01 塑造曼妙身材四大法则

# 目录 Contents

# 第二章

Chapter 02

## 想瘦哪里就瘦哪里

——姿势瘦身DIY

目录
Contents

# 第三章

# Chapter 03 你为什么“变形”了

## ——身材和容貌变形的原因及自检方法

# 目录 Contents

# 附　录



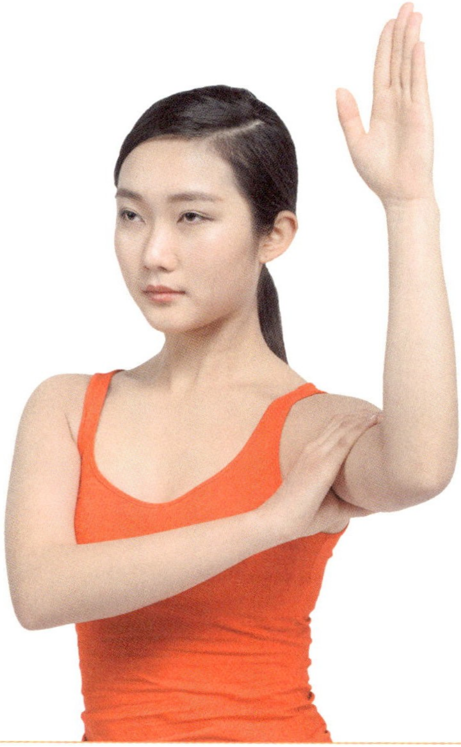

# 第一章

## 塑造曼妙身材四大法则

# 01

Chapter

# 01 法则一 好习惯造就好身材

每个人或多或少都有些不良习惯，特别是不良站姿、不良坐姿等对身材的影响极大。坐姿、站姿不良会使骨架变形，进而导致循环受阻、脂肪囤积、组织液滞留，引起下半身浮肿，有时候腿上还会出现凸凹不平的橘皮。姿势正确，再加上简单的塑身动作、健康的饮食习惯，就能让你保持一个好身材。

## 正确的站姿

两脚一前一后站立，前后脚的距离在一个脚掌之内，膝盖不要用力绷紧，绷得太紧脚会往后弯造成变形。身体的重量可以轮流放在前脚或后脚，两脚经常变换位置，这个站立姿势对身体的负担最小，而且优雅。双手自然下垂或掌心朝上交握，感觉有往上提的力量，身体保持正

直，不要用力挺，不然腰椎及背部负担会比较大，而且没有必要用力挺直。

## 正确的坐姿

坐姿正确可以避免驼背及骨盆外扩。

坐下之前先把臀部往后靠到底贴紧椅背，然后整个背部贴紧座椅的靠背，这样背部有支撑就会减轻腰椎受力，而且不会驼背。如果要操作电脑，就把椅子靠近桌子，这样就不会弯曲上半身往前倾造成驼背。一般三分之一坐是最容易驼背的，因为背部没有依靠和支撑。掌心朝上手臂会细、朝下手臂会粗，可以把手放在腿上，有桌子时也可以把手放在桌面上。小腿和大腿角度不要小于90°，小腿往前伸的话膝盖压力小。小腿的淋巴液和静脉血液必须流经膝关节，所以不能经常蹲着或小腿往后勾，如果觉得累可以张开大腿，但不要只单独张开脚掌。

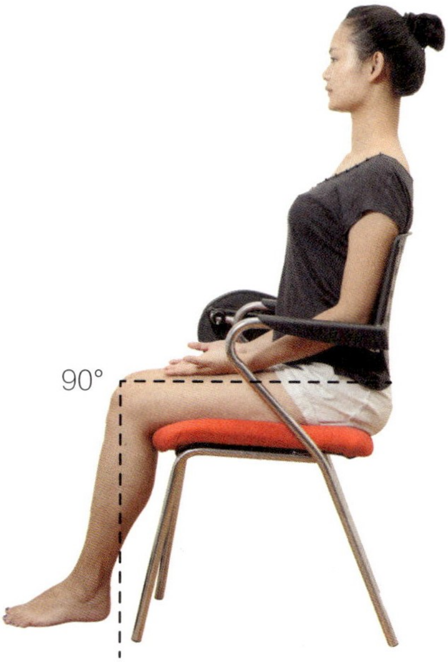


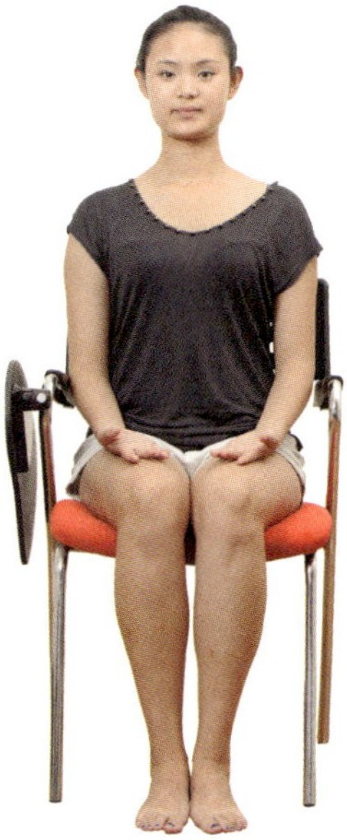

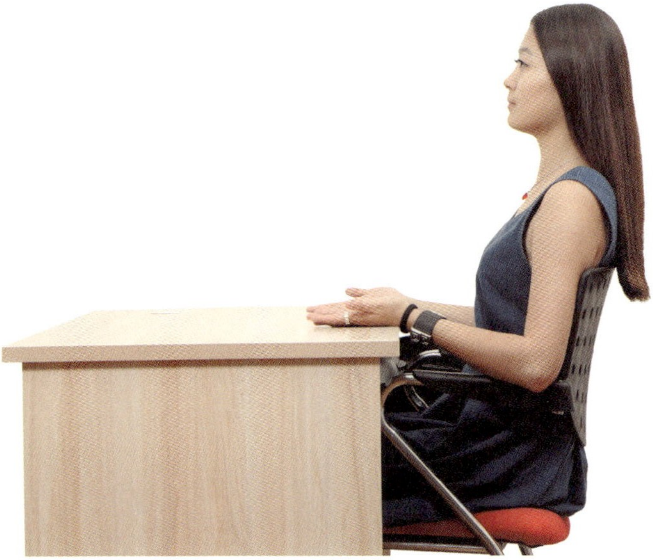

张老师特别提醒 Tips

正确的走路方式：跨大步走。大步走路可以增加臀部肌肉的力量，臀形会越来越好。

## 开始肌肉训练

肌肉训练是为了让身材曲线更好。肌肉有力量才能够固定住体形。脂肪就是脂肪，和肌肉是不一样的结构，所以脂肪永远不可能变成肌肉。

## 坚持上下楼梯

上楼梯是锻炼和伸展臀腿肌肉最好的、最简单的运动，如果你的腿够长的话就可以一次跨两个阶梯，这样伸展骨盆关节的作用就更大了。但是安全第一，下楼梯的话膝盖要微蹲，不要完全伸直以免膝关节受伤。

## 缩臀和提臀

臀部宽了，两条腿间距大了，就有空间囤积肥肉。臀下垂了，肥肉就挤压到腿，腿部的血液循环、淋巴液回流速度也变慢，造成大腿根部变粗。所以缩臀和提臀运动都可以瘦腿。

## 健康的饮食习惯

保持正确的姿势并坚持运动有利于改善身材，但如果不注意健康饮食的话，你的身材同样会走形。健康饮食要做到不暴饮暴食，不节食，少油腻，少盐，均衡营养，补充人体所需的各种维生素和矿物质。

以上只是我们大概了解一下有哪些好的习惯，后面的章节中我们还会有详细的介绍。

# 02 法则二 矫正体形从靠墙做起

一个人连站着都驼背，为什么？脖子缩短了！人类好不容易进化成直立行走，现在却要退化为人猿了。肩宽、背厚、脖子短是否成了你的体形特征？不想虎背熊腰的就赶快改过来吧。直立走路不困难，因为你是人类。

花钱减肥却不愿意改掉不良习惯是没有用的。

经常会遇到胖女生说自己的手臂有点粗，问我怎么瘦手臂。我说你太谦虚了，其实全身肥胖的人减肥一定要从改变生活习惯做起，要瘦并不难，体重计收起来，不要再根据体重减肥。

驼背、虎背熊腰、颈椎和身体交界处一个鼓起来的包、大椎一个包，这些特征都表示你经常低头、枕头太高……

虎背熊腰的人因为身体缩短了，所以骨架往外扩张、肚子鼓出来了，头往前了。改变身材不要急，不继续恶化才有机会变好。姿势的改变只需要连续一个星期就能养成习惯。头不能靠到墙壁才更需要借由靠墙举手这一动作来拉筋。

## 靠墙举手

脚后跟、臀部、肩胛骨、后脑勺四个点都紧贴着墙，然后双手掌心朝前并且靠近耳朵，双手都贴着墙壁。

刚开始会很难受，不要勉强，循序渐进就好了。每天早中晚至少各一次，当然必须彻底改变不良姿势，不然所有的矫正都是白费。

矫正身体前屈及头前倾是让躯干瘦下来最重要的基本功课。

累了可以放下手活动一下，但是身体及后脑勺必须继续贴着墙壁，连续5分钟以上。

**张老师特别提醒 Tips**

照着这个方法瘦下来的人越来越多了。这个动作矫正体形的效果非常好，仪态美，身材才能美。

有些人头不能靠到墙壁，更需要借由这个靠墙举手的动作来拉筋，站直背靠在墙壁这个动作可以慢慢地帮你矫正过来。

# 03 法则三 减肥从身体中段开始

如果你的小腹胖了有段时间了，那就要留意腰侧和胯骨连接的位置是不是也有肥肉了。有的话你接下来会一直胖的，因为这两个部位有肥肉代表腰腹部肌肉力量弱了，固定体形的力量小了，开始容易腰酸腿胀，然后下半身脂肪囤积及容易浮肿的现象越来越严重。腰腹和臀部是人的基础，影响全身的骨架，也是肥胖的根源。肥肉都是先长在这个部位，然后往上发展让身体变壮，往下会让腿的血液和淋巴回流受阻。挤压看看你的腰腹部肥肉是不是很厚？有没有形成凹凸不平的橘子皮表面？有的话你就要注意了。

如果你不但身体中段开始发胖，并伴有肠胃胀气、腰椎间盘突出、腰疼，或是想要活动脊椎，你可以做下面的动作。

## 拉单杠扭转下半身

双手拉着单杠，双脚曲起悬空，下半身往左边尽量扭转并停5~7秒，再换边停5~7秒，两边轮流扭转，直到手酸为止，一日可多次，这不但能增加体力，还可以瘦腰腹，因为扭转身体可以活动内脏。

锻炼腹肌的力量才能彻底改变腰腹部肥胖，因为腹肌无力所以肚子顶出来了，腰椎凹进去了……找到针对体形锻炼有经验的健身教练教你适合的健美运动，身材绝对可以变得很好。

**张老师特别提醒 Tips**

发达的肌肉必须特意锻炼才会有，一般的健美运动不可能练出大块的肌肉。尤其女性更难，像健美小姐也很难练成大块肌肉。

## 毛巾环绕胃围深呼吸

毛巾从背部环绕包住上腹部肋骨胃围，双手握紧毛巾末端，用力拉紧让双拳靠近，然后深呼吸，持续7~15秒，重复至少15次。

这一动作可以增加腰腹部肌肉力量，逐渐缩小骨盆，消除大肚子，胃围缩小后就不会吃得太多，能较好地保持体形。

## 拳头抵压腹部

**step 1**

双手握紧毛巾的两端在肚脐的高度。

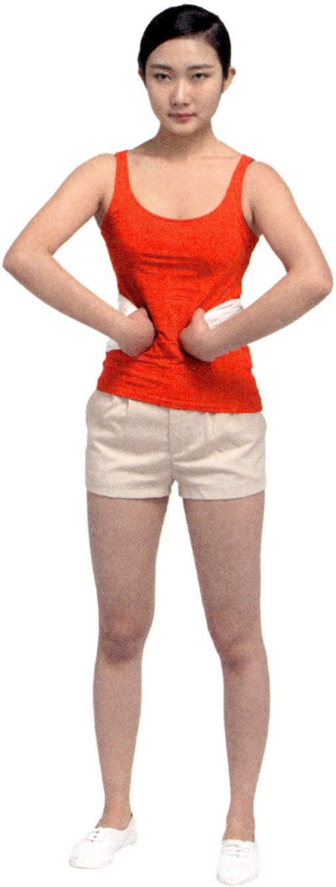

**step 2**

拳头抵住腹部，双脚与肩同宽微蹲。

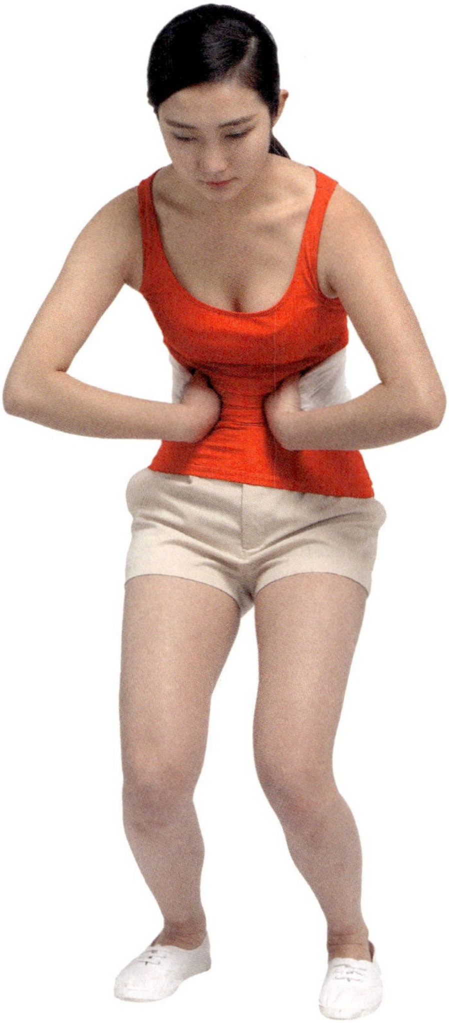

**step 3**

拳头抵住腹部然后低头并蜷曲身体，同时缓缓地深呼吸连续9次。在胀气的时候这样做可以刺激肠胃蠕动，做这个动作时放屁的话是正常的。

**张老师特别提醒 Tips**

上腹部到下腹部柔软部位都可以这样压，注意不要压到骨头以免产生疼痛，生理期不要做。

## 交叉脚扭转上半身

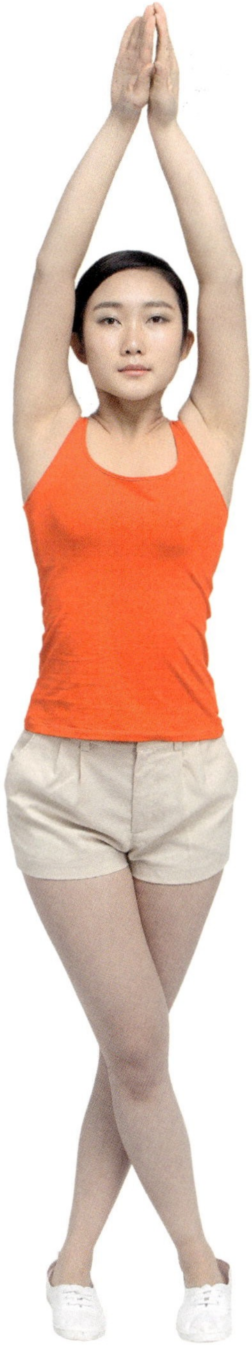

右脚往左前方与左脚交叉站稳，双手手掌背对并尽量往上伸直，上半身往右边尽量扭转，三次深呼吸之后换脚及换边扭转，左右一回合，连续12回合。

这个动作对全身的脊椎和关节来说是非常好的活动，可以经常做，既瘦身又可以保健脊椎。

## 椅子上膝盖碰肘尖

抬起左脚膝盖和右手肘尖相互碰触，保持3~7秒，然后换边，连续做至少12次。

这个动作必须停留7秒，这是为了让腰部及背部肌肉内的乳酸排出，当然也可以训练及巩固腰腹部曲线，避免全身肥胖。

**张老师特别提醒 Tips**

刚开始因为肌肉力量不够而且柔软度比较差，只要能够做到膝盖、肘尖互相碰触到就可以了。

## 腿部伸屈运动

臀部尽量坐在椅子最前面，双手撑着并且稳定平衡感，身体伸直，双脚离地一个脚掌长的高度。上半部靠着椅背，取得身体平衡之后将膝盖靠近胸口并保持5~7秒，然后伸直2~3秒，腿伸直时，脚不要碰到地面，连续做至少12次。

对于腹肌力量比较弱的人，这个动作相对是比较容易做的腹肌训练，每次停留5~7秒是为了改善肠胃胀气，这是瘦小腹最简单、最容易的动作。

# 04 法则四 睡前和起床后双效塑身

在每天睡觉前和起床后，我们可以抽出一点时间，在床上做以下运动，塑身效果会非常明显。

## 腹直肌运动

方法1

身体平躺在床上，两脚并拢在一起，双手放在左右耳朵旁，腹部肌肉用力把头及上半身抬离床面，直到眼睛可以看到小腹时再慢慢地躺平身体，反复地抬起放下，是腹部用力，脖子不要用力，直到腹部酸了再换其他动作。

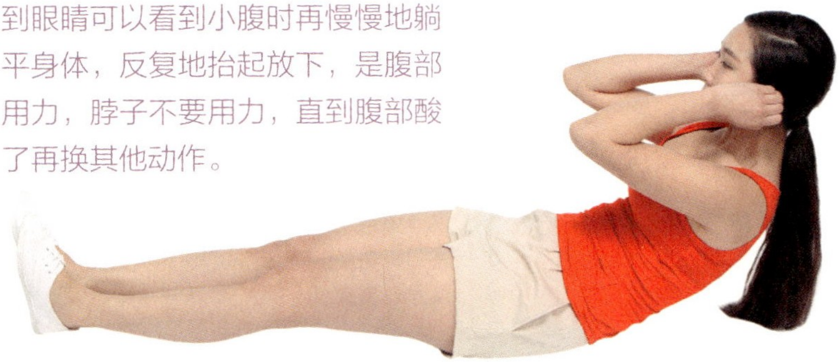

方法2

身体平躺床上，两脚并拢一起，慢慢地抬高离床面约一个脚掌长的高度，然后慢慢地放下，再慢慢地抬高，直到腿酸了再换其他动作。

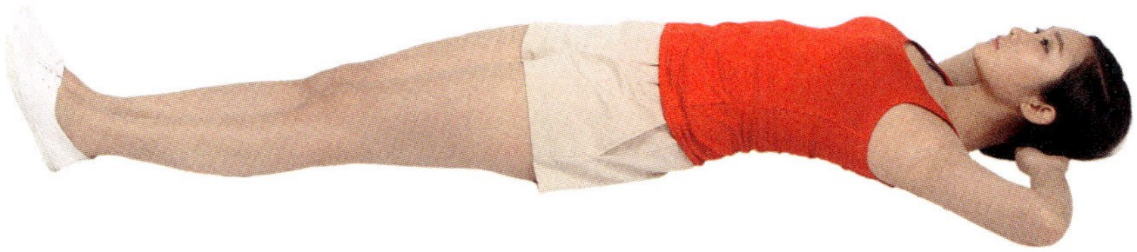

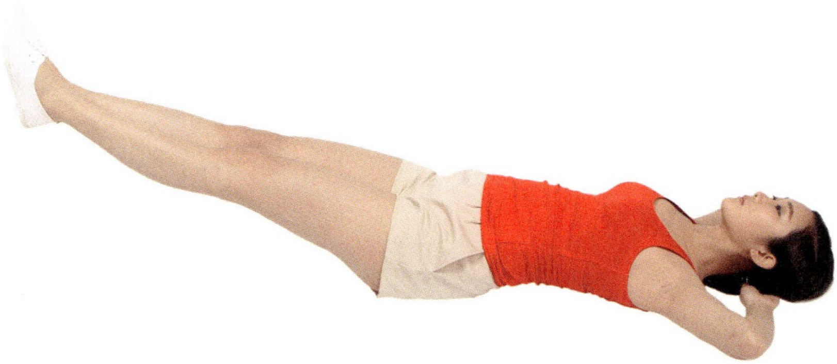

**张老师特别提醒 Tips**

以前的仰卧起坐动作是身体躺平脚不动或是有人压住脚，然后身体整个离开床面，双手手指摸到脚掌，其实这对腰椎有伤害，不要再做了。

腰酸背痛的人必须训练腹部肌肉群的力量，腹腔就像轮胎一样是支撑身体的，腹肌就是轮胎的橡皮，必须有足够的弹性才可以撑起身体。

很胖的人腰椎凹陷很深，那是因为腹肌力量不够，所以肚子挺出去、腰椎凹进去。

## 腹斜肌运动

身体平躺在床上，两脚并拢在一起，双手五指张开或半握拳放在左右耳朵旁，转动身体让左手手肘和右脚膝盖碰触，然后慢慢地放下躺平再换边，直到腹部酸了再换其他动作。

**张老师特别提醒 Tips**

想要拥有S形腰部曲线，就应该多训练腹斜肌力量，腹斜肌有力就可以把腰两侧的肌肉拉进来。

肋骨扩张的人也必须靠腹斜肌的力量把肋骨拉进来。

## 扭转脊柱

身体平躺在床上，两脚弯曲，脚掌踩放在床上，双手手指交叉放在后脑勺，手肘平放在床上作为上半身的固定，上半身不动，两脚同时摆到左侧停留约7秒后换边，左右扭转下半身6~8次。

**张老师特别提醒 Tips**

腰粗臀大的人肠胃蠕动是比较差的，睡前和起床后扭动一下身体，可以让肠胃保持舒畅。

这个动作可以放松腰部肌肉，尤其是缓解劳累之后的腰酸。

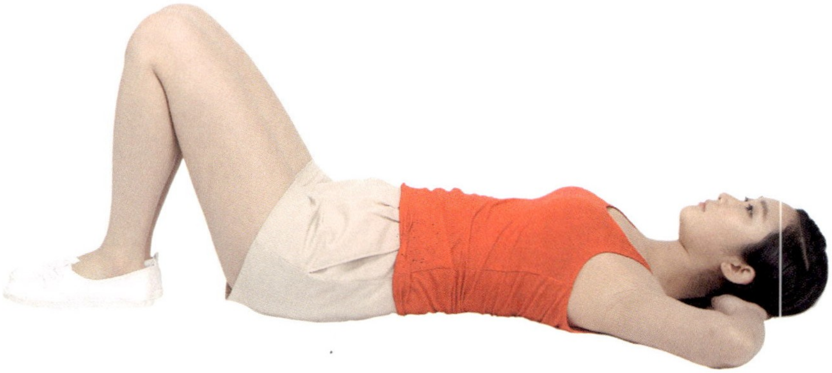

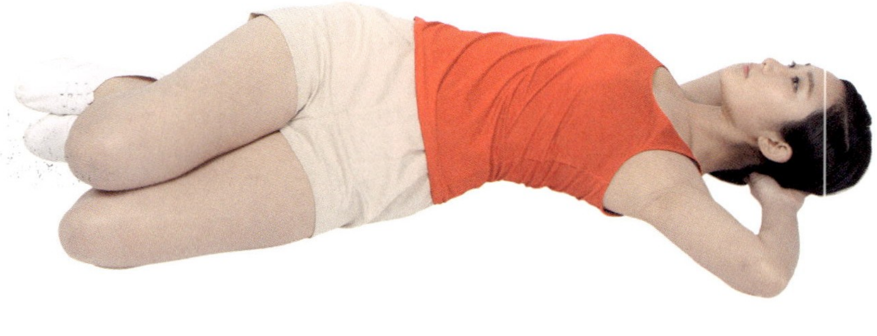

## 直筒腰扭成水蛇腰

头朝向正面，右手虎口压住右边肋骨靠近腹部的位置，左手把右脚膝盖拉向左边并尽量贴近床面维持7秒再换边。

**张老师特别提醒 Tips**

直筒腰的人腹部通常容易胀气，肋骨是扩张的，这个动作主要是借由扭转身体来产生收缩力挤压肠胃，让肠胃动起来，消除胀气。

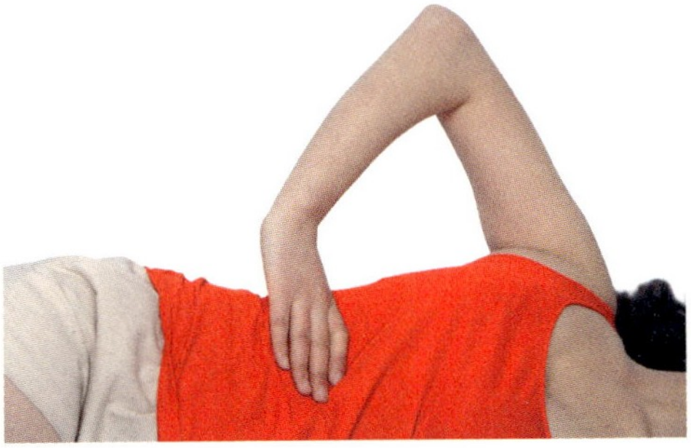

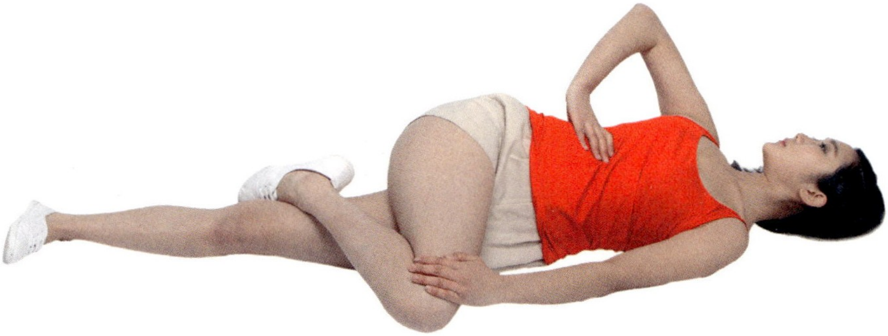

## “燕飞式”缩小肩宽

趴在床上，双手靠近身体，头和下巴抬高离开床面，双手掌背相对并互相靠近，让两侧肩胛骨往中间挤压，维持7秒后放下，重复直到背部有酸胀感为止。

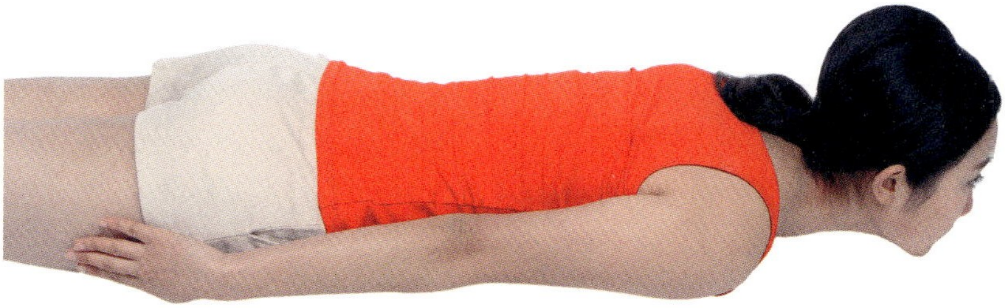

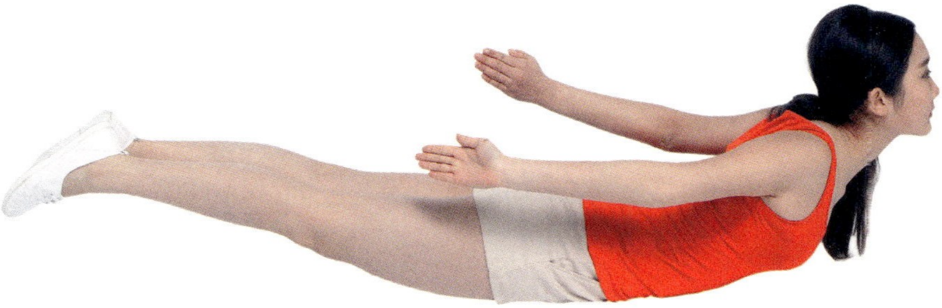

### 张老师特别提醒 Tips

这是趴在床上做的，所以会比身体直立时费力。该动作可以训练背部肌肉力量，把肩部宽度缩窄，当然也适合用来改善驼背。

# 第二章

## 想瘦哪里就瘦哪里

姿势瘦身DIY

Chapter 02

# 01 瘦腿圣经，练就修长细腿

拥有一双修长美腿，是每位女性都追求和渴望的。现在许多女性的双腿都不短，但是双腿不够直、线条不够纤细，或是在某些部位囤积过多的脂肪，而破坏了腿部的整体美感。关于这些困扰，在下文中会详细分析，让大家知道是怎样的姿势、习惯导致腿部曲线不够完美，从而加强预防；同时教会你怎样着手去改善现状，解决腿部问题。

## 提臀缩胯就可以瘦腿

大腿粗的女性通常骨盆宽，跷二郎腿或驼背坐姿都是造成骨盆宽的原因，所以要让大腿细的话一定要先缩臀，一有空就站起来做不同方向的抬腿运动可以增加腰臀部肌肉力量，外扩的骨盆就会被拉进来了。你可以亲身实验：摸着屁股走路，步伐大一些，看看肌肉的收缩是不是特别强。

腿粗往往是臀部下垂挤压下来的。我们可以一只脚站立，微蹲也可以，膝盖和小腿千万不要绷紧，不然小腿会往后弯，另一条腿往内往外任意方向摆动，累了就换脚摆动。不同方向摆动会运动不同的臀腿肌肉，臀部肌肉有力就会提高臀部线条，臀部提高当然会把腿部的肌肉往上拉，拉上去马上就会看到腿细一些了。

## 侧抬腿

一只脚站立或微蹲，脚尖朝正前方，另一条腿往外侧抬，停留5~7秒。

## 后伸腿

一只脚站立或微蹲，脚尖朝正前方，另一条腿往后伸，停留5~7秒。

## 内外摆动腿

一只脚站立或微蹲，脚尖朝正前方，另一条腿往内再往外左右摆动，每次停留5~7秒。

### 摆腿缩胯

**step 1**

一只脚单脚站立。

**step 2**

另一只脚往外张开然后往前摆向另一侧。

**step 3**

接着向后摆向另一侧，在身体前后不断地摆动，直到腿酸了再换脚摆动。

**张老师特别提醒 Tips**

这是个站着就可以随时做的缩胯动作，一天可以做几次，积少成多效果才明显，养成习惯，身材自然越来越好。

## 直腿原地踩步

两脚间隔一个脚掌，原地踩步但膝盖不动，但也不要用力往后绷紧膝盖以免小腿往后弯，这个动作主要是带动腰胯之间的肌肉，提高整个臀部高度，接电话或路边等车、等人时做这个动作最适合。

张老师特别提醒 Tips

刚开始不习惯的人可以双手叉腰或是张开以维持身体平衡。

## 椅子上抬腿提臀

**step 1**

跪趴在椅座上，双手扶着维持身体平衡。

**step 2**

一条腿往后伸直抬腿停留7秒，然后收回来再换另外一条腿往后伸直抬腿7秒。

step 3

反复轮流抬腿直到腿酸了就可以休息，注意让身体及椅子维持平衡。

张老师特别提醒 Tips

这是办公室里随时可以做的提臀动作，后抬腿其实是臀部肌肉收缩带动的，所以能够锻炼臀部力量让臀部集中上挺。

## 骨盆是地基，必须伸展活动

腿粗的人不用花时间在腿上，因为臀部影响腿，骨盆宽的话两条腿的距离就比较大，这是创造脂肪囤积空间的有利条件，臀部下垂把肥肉都挤压到腿上了，臀部宽和下垂常是一起发生的。人也是机械结构，当骨盆变宽了，血液的流动路径和角度也会跟着改变，而且骨盆撑开是因为周围肌肉力量固定不住。肌肉强度也会影响血液、淋巴液回流。骨盆外扩之后腹部内脏脂肪增加，加上腹压一起阻碍到下肢淋巴及静脉回流。骨盆比较宽，腿的淋巴及静脉回流就比较难，因此容易下肢浮肿，有这种症状的女性腿部容易淤青，经过一天的坐或站，到上床睡觉前浮肿会更加明显，建议训练核心肌群及臀部肌肉来拉进外扩的骨盆，平常坐姿务必端正，跷二郎腿及驼背坐姿除了阻碍血液回流之外，更会让骨盆继续外扩，使臀和腿一起加粗。

## 抱膝靠胸伸展髋关节

**step 1**

端坐在椅子上，双手抱住右腿膝盖往右侧胸口靠紧7秒，然后放下来。

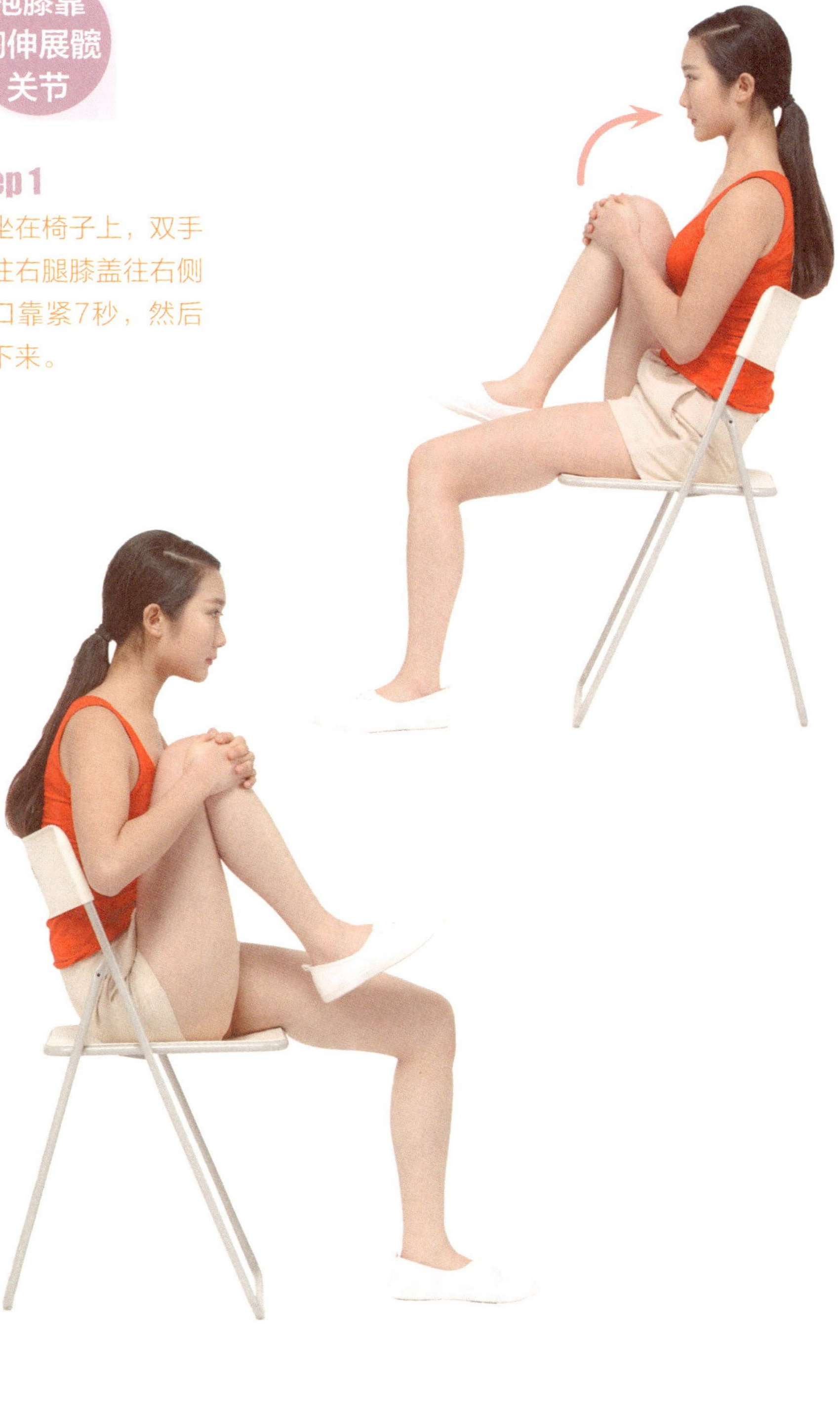

**step 2**

右脚脚踝放在左腿膝盖上面，右手下压右脚膝盖，伸展大腿内侧肌肉7秒。

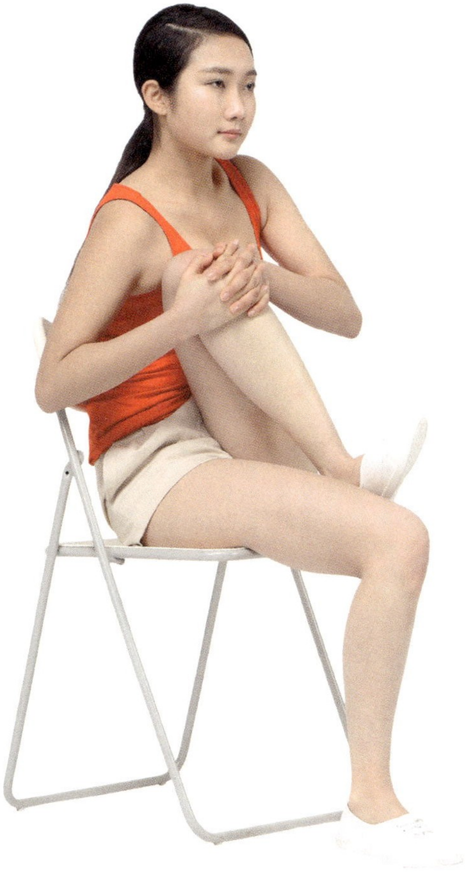

### step 3

左膝往右侧的胸口紧靠7秒，然后换边操作，两边轮流伸展7次。

**张老师特别提醒 Tips**

这个动作除了促进下半身循环之外，还可以缓解痛经，痛经时马上做就可以解除小腹的强烈收缩，但是小腹因为正在疼痛，所以每个角度伸展的停留时间可以延长到30秒。

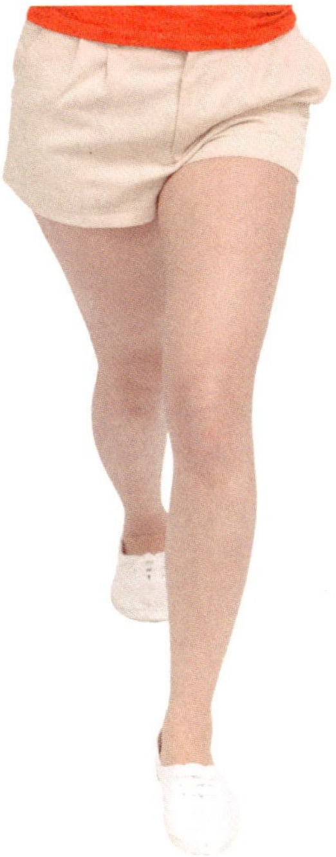

两脚站成一直线改善浮肿

**step 1**

两脚掌趾头朝前并站立在一直线上，前面的腿屈曲90°。

**step 2**

前脚小腿与地板成直线垂直，后脚脚掌踩平腿完全伸直，同侧的手像阿弥陀佛一样的姿势，对侧的手掌心朝下，维持至少30秒之后身体会发热，两脚轮流锻炼。

这个动作可以改善浮肿体质，虚胖的人必须坚持早晚锻炼至少10分钟，累了就休息。

对一般人来说，做这个动作有点难度，很难维持平衡感，所以大部分人会发汗，建议循序渐进，不要勉强。

**张老师特别提醒 Tips**

双脚脚掌没有在一直线上，很难有全身发汗的效果。刚开始对不直也没关系，渐渐地双脚脚掌就可以对直在一条直线上了。

## 瘦大腿最重要的是运动内侧和根部

大腿粗是因为臀部外扩和下垂造成的，也有一部分是因为太紧的内裤、短裤压迫血液循环。内裤务必宽松，不要有松紧带，驼背和跷二郎腿的坐姿，除了会把臀腿肌肉拉松造成下垂之外，也会压迫影响两条腿的血液循环。经常做之前教过的抬腿动作绝对可以提臀进而细腿。平常走路不要拖地，要跨大步才能伸展和运动臀腿肌肉。

大腿粗所以不敢运动？怕运动会让肥肉变成肌肉？自己双手虎口握住大腿内侧，上下摆动，可以大幅度摆动的是肥肉，肥肉无论怎么锻炼都不可能变成肌肉。肌肉要锻炼出来必须特别训练，尤其女性的体质更是不可能。

大腿根部缩进来

**step 1**

背靠墙壁，两脚脚尖往外尽量张开。

**step 2**

身体蹲低并维持平衡，两手手刀快速地砍击大腿内侧肥肉，持续砍击3分钟。

张老师特别提醒 Tips

注意，两脚的脚掌距离太近的话，膝盖的弯曲角度变小，膝盖内侧压力加大，会不舒服。

## 扭转毛巾瘦大腿

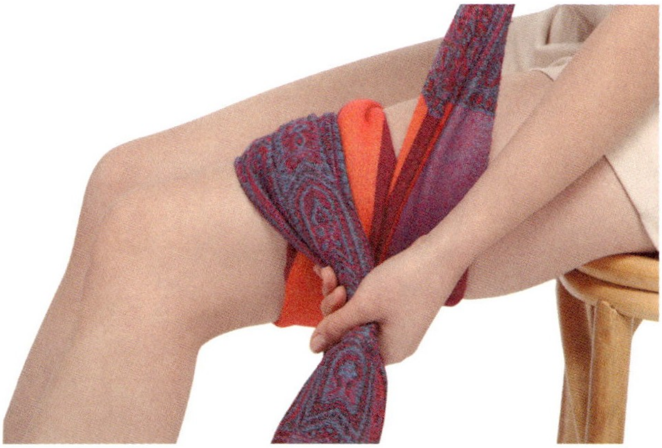

**step 1**

毛巾包住左大腿，两手各握住其中一端，右手拉紧毛巾并紧靠身体，像拔河一样夹紧。

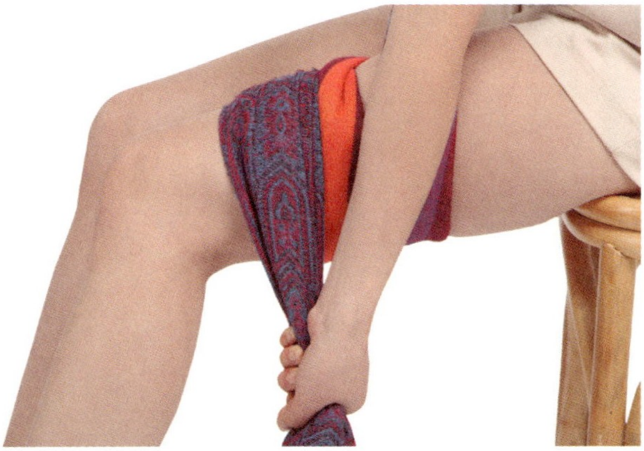

**step 2**

左手握紧毛巾利用身体下压的重量往下拉毛巾束紧，并使大腿往外扭转7秒后放松，重复扭转、放松，至少7次。

另一条腿做一样的动作。

**张老师特别提醒 Tips**

生理期的腿浮肿可以用这个方法立即消除，而且还可以缓解生理期的不适。

## 消除膝盖内侧鼓出

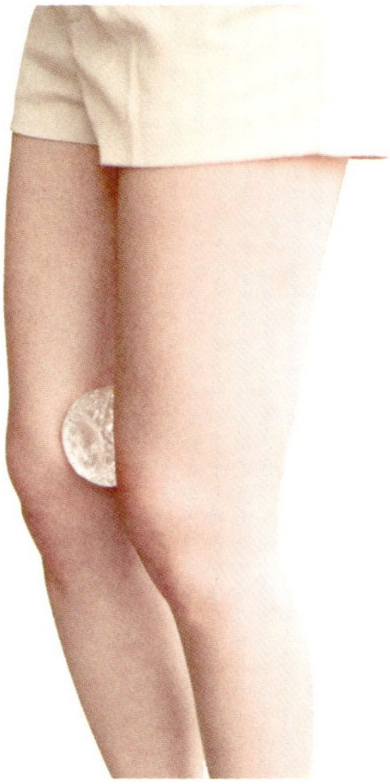

**step 1**

两脚之间夹住一个玻璃瓶或不锈钢瓶。

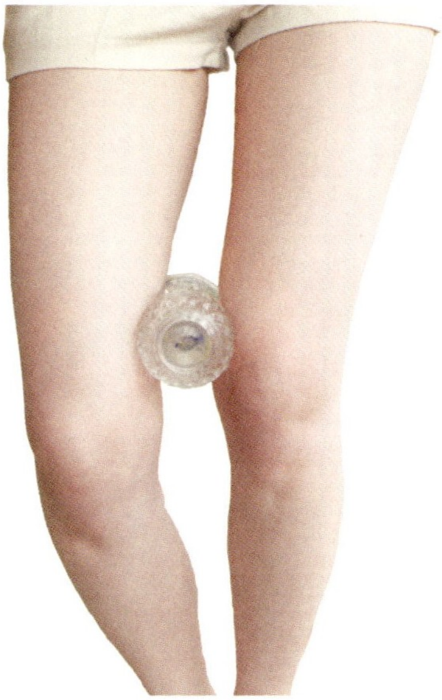

**step 2**

右脚往前，左脚往后，让瓶子滚动。

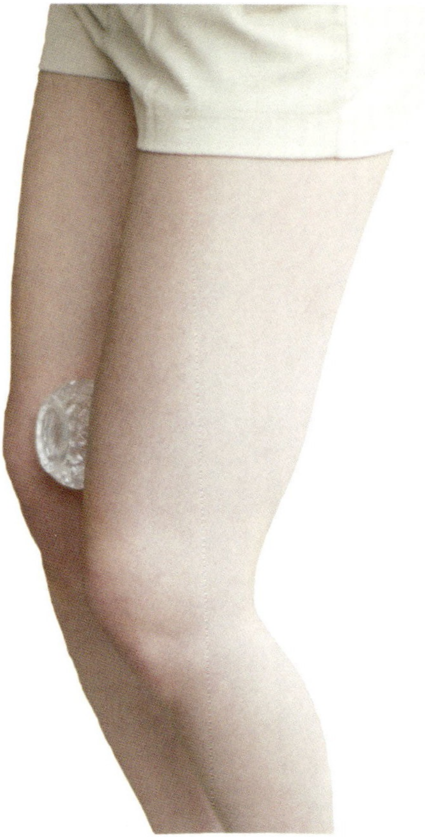

**step 3**

两脚轮替往前往后让瓶子在两腿的膝盖内侧滚动。

**张老师特别提醒 Tips**

这个动作看起来没什么，但是做六七下你就会觉得腿很酸了，所以这当然是很好的瘦腿动作。

## 角度变了小腿才会粗

小腿太弯的人通常长不高，腿因为太细而有空隙的人必须靠运动来塑造肌肉线条，通过直腿让小腿循环顺畅，加压及包覆产品来消除浮肿。瘦的人大腿内侧没有肉，所以两腿会有空隙，其实大腿、小腿要一直线才会好看，而不是并拢时完全没空隙才好看，像胖的腿是不直的，但是两腿并拢之后并不会有空隙，这样好看吗？瘦腿必须知道重点，你的小腿不是单纯的粗而已，仔细看就会发现是变形不直的小腿肚比较粗。无论是高跟鞋造成的小腿肚肌肉变形，还是久坐、久站浮肿的小腿，都要先拉直了才会较快变细。

小腿有两根骨头，一根是在膝盖正下方摸得到比较明显的胫骨，因为没有脂肪和肌肉的包覆，碰撞到的话会相当疼。而需要经常按压的是另一根骨头，从膝盖外侧下到外踝的那一根比较细的腓骨。

小腿粗硬的部分不是“肌肉”，是脂肪纤维化了，必须加强按摩让脂肪软化，如果能够泡澡或是热敷的话会更好，当然每天得补充2000毫升的水，千万不要喝饮料。

**张老师特别提醒 Tips**

萝卜腿的人两个小腿是无法并拢的。

## 膝腘窝疏通瘦腿法

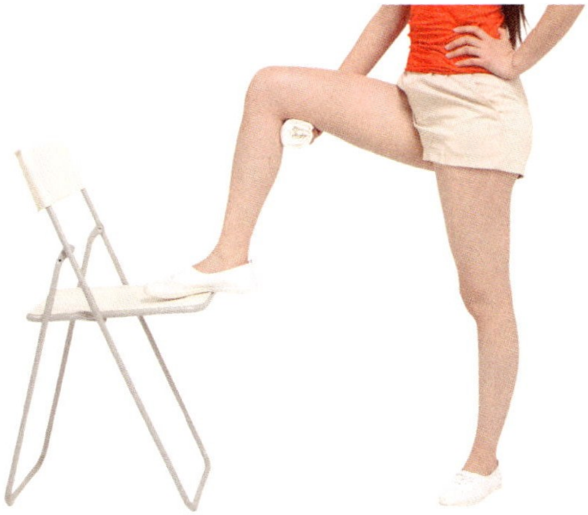

**step 1**

一脚踩在椅子上，膝盖后侧的腘窝处夹住一条卷成一团的毛巾。

**step 2**

身体往前让大腿和小腿紧贴，维持7秒后稍微放松，反复压放至少7次。另一脚做同样的动作。

**张老师特别提醒 Tips**

静脉曲张的人膝腘窝经常是鼓出来的一坨，整个膝盖显得比较粗，而且阻碍了膝关节及小腿的淋巴回流。

## 伸展小腿肌肉

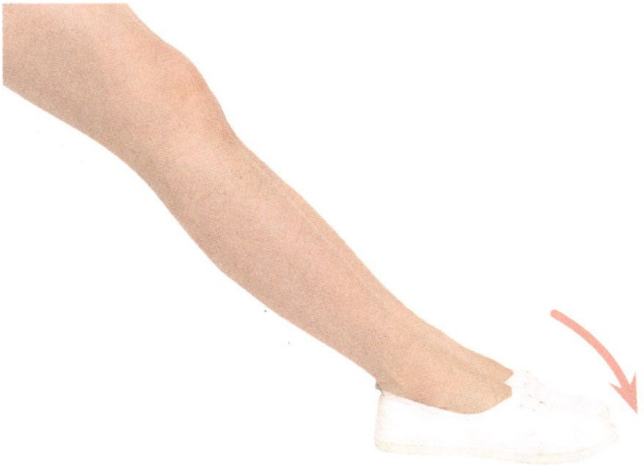

**step 1**

小腿往前伸，脚掌往前，整个踩着地板，让小腿前侧的筋完全伸展5~7秒。

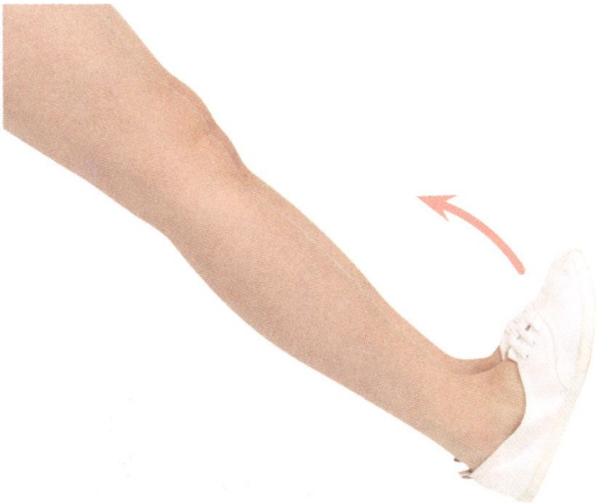

**step 2**

脚趾头往后勾上来5~7秒，重复2分钟。

**张老师特别提醒 Tips**

反复做这个类似踩刹车的动作可以消除小腿浮肿，是办公或搭飞机时最好的拉筋伸展动作。

## 棒子刮小腿肚

**step 1**

取一根棒子，棒子粗细长短都没关系。

**step 2**

用棒子从脚踝开始往上刮到靠近膝盖的位置。避免刮到靠近骨头的地方。

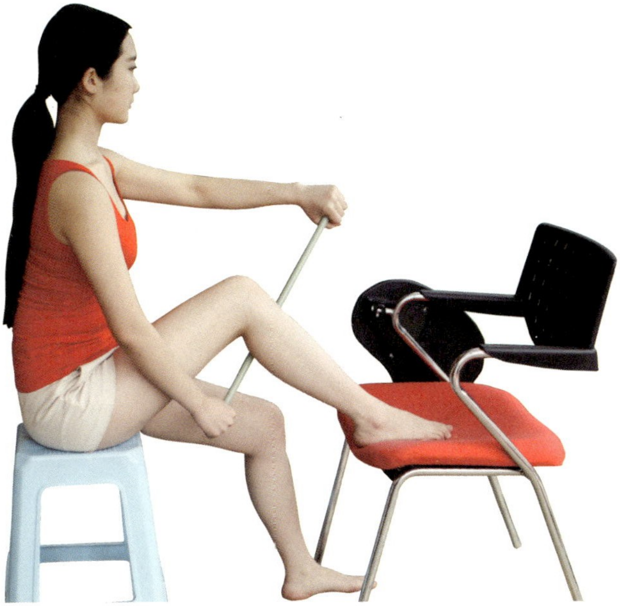

**step 3**

刮小腿内侧时，因为这里的皮肤比较细嫩脆弱，速度放慢才不会疼痛。

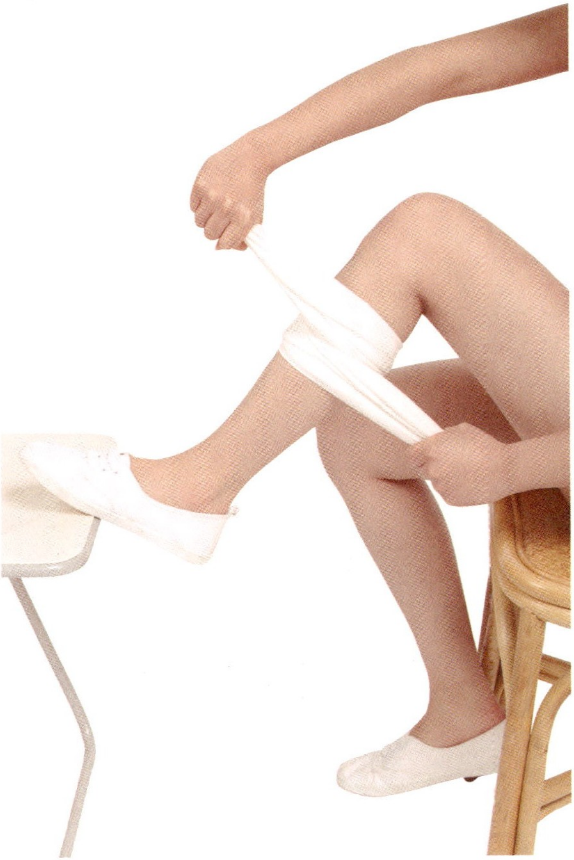

扭转毛巾瘦小腿

step 1

用足够长度的毛巾缠绕小腿至少两圈，必须绕紧。

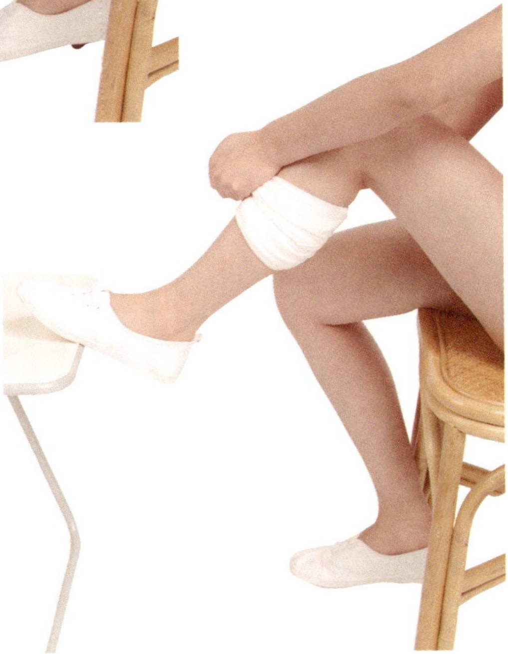

step 2

双手握紧毛巾内外侧。

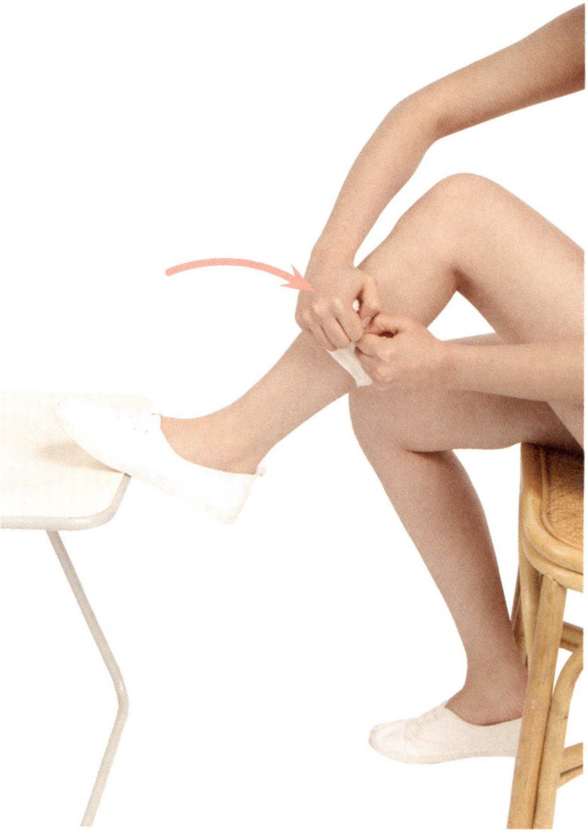

**step 3**

像开车旋转方向盘一样往外扭转到底，维持7秒，反复往外扭转至少7下。

**张老师特别提醒 Tips**

这是消除小腿酸胀非常有效的方法，如果你是上班族，需要穿高跟鞋久站或是经常坐着不动，可以每天做这个扭转动作，除了瘦小腿之外还可以矫正腿形。

## 直腿伸展法

背靠墙壁，两脚脚尖尽量张开并尽量靠墙。两脚张开距离大一点会更好，但是必须注意平衡感。

**张老师特别提醒 Tips**

平常需要站立的时候就可以是这个站姿，能拉直双腿。

# 02 告别“拜拜袖”，雕塑纤美玉臂

手臂粗的人务必要改变驼背习惯，不然手臂还会继续粗下去。每天至少做两次自我伸展按摩，可以有效地瘦手臂。手臂比较硬的，多捏就可让脂肪软化，这绝对不是肌肉。手臂松弛的就多拍打，以增强皮肤弹性。

虎背熊腰的人往后仰是比较难受的，可以把圆弧形的垫子放在上背部，然后手脚往上下尽量伸直，如果觉得难受就屈膝放手休息会儿，这是矫正驼背及肩膀宽、手臂粗最好用的方法，每天两次，每次15分钟，累了可以休息。浴巾、枕头、瑜伽垫卷起来也可以垫着，从腰椎逐步往上到颈椎都可以这样伸展脊柱，当然平常坐姿正确很重要。

## 压肩仰泳式绕臂

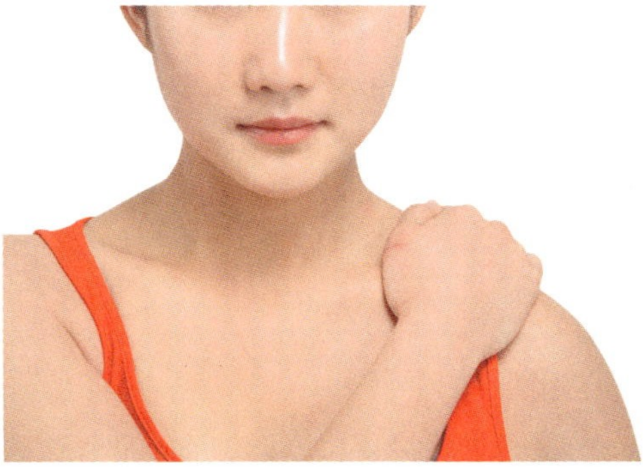

**step 1**

右手搭在左侧肩膀上。

**step 2**

左手在身体前方往上慢慢地抬高。

**step 3**

往外往后绕一大圈，手放下后马上换手绕圈，左右手交换绕圈1~2分钟。

张老师特别提醒 Tips

绕圈时手臂尽量靠近头，搭住肩膀的手保持压紧不要放松，绕圈的速度要缓慢，像仰式游泳的动作一样。

肩关节是颈部肌肉延伸下来的附着处，肩胛骨和胸口也有肌肉在肩关节周围附着，所以活动肩关节的时候会带动这些肌肉伸展，对于疼痛僵硬和肩膀耸高也有改善作用。另外还可以像仰式游泳一样往后绕大圈圈，动作要慢，尽量往后、往外展开，可以改善虎背熊腰、瘦手臂。

**张老师特别提醒 Tips**

肩膀高耸肥厚、手臂粗的人一天至少做5次以上，做完绕圈活动之后上半身肌肉马上轻松，所以上班族可以每小时活动一次以提振精神。

## 夹挤肩胛骨

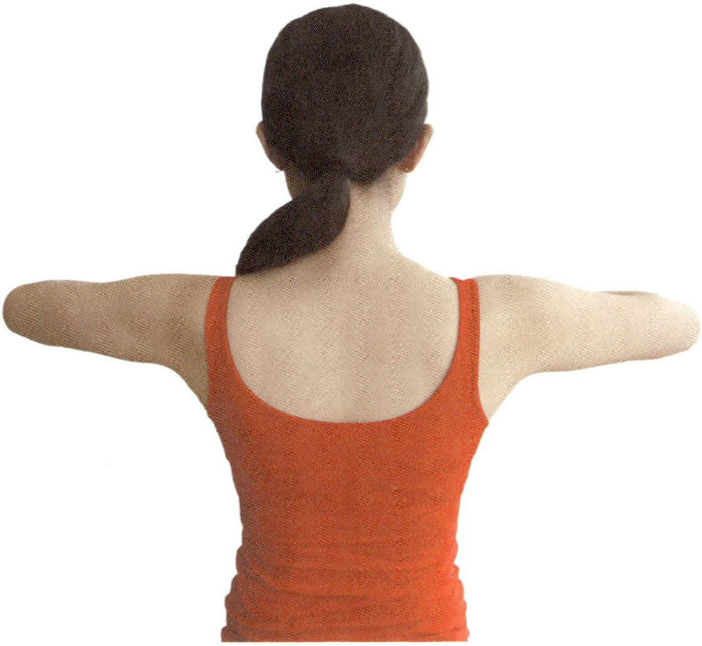

**step 1**

双手指尖在胸口相对并保持手臂水平，双手肘尖往后，伸展胸口肌肉。

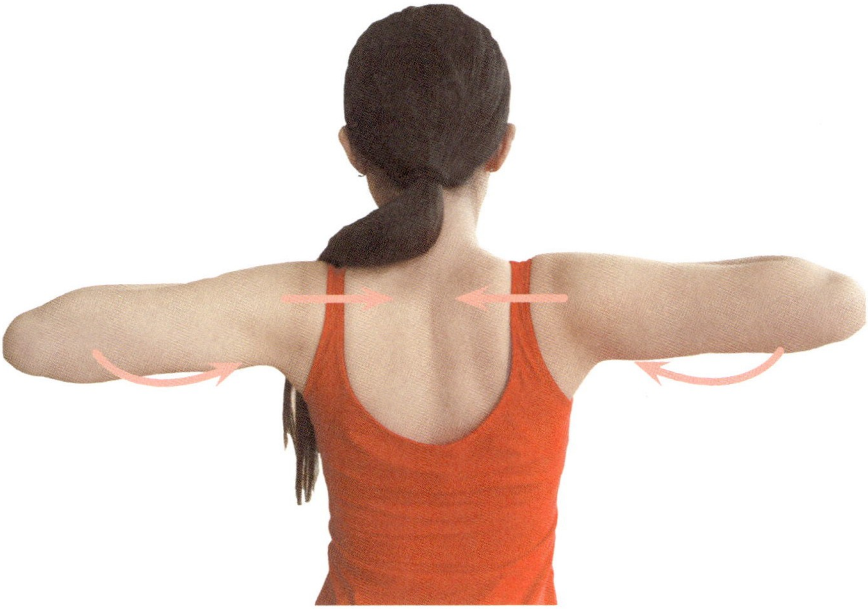

**step 2**

左右侧肩胛骨互相挤压维持7秒后，放下双手再重来一次，重复5~7次。

**张老师特别提醒 Tips**

上背部肩胛骨一带的脂肪是褐色脂肪，这个动作可以让身体快速发热，有助于脂肪代谢，在天气冷的时候可以多做这个动作来提升体温。

驼背的人两侧的肩会往胸口包覆挤压，除了胸口变形、乳房下垂之外，也会使呼吸不畅，造成吸气时腹部鼓出来，所以肚子会越来越大，因此乳房下垂的人经常会有大肚子的现象。

呼吸是否顺畅会影响你的气色，也会影响你的活力，越有活力就越愿意活动，多活动当然可以更快地让你瘦下来。

## 招财猫动作瘦手臂

**step 1**

双手做发誓姿势，保持90° 。

## step 2

一手在上往后旋转手臂，一手在下往后旋转手臂，左右两手像扭麻花一样扭转手臂，维持7秒再交换方向扭转，重复1分钟。

### 张老师特别提醒 Tips

扭转是代谢浮肿最好用的动作，大部分人手臂的赘肉都是松软的，这是因为里面有很多的组织液，所以做完抽脂手术之后还会再度肥胖就是浮肿型的人，抽掉脂肪并不能改变浮肿问题，相反地还会因为抽脂过程对血管和淋巴管的损伤，加上内部结痂的疤痕阻碍了淋巴循环，做了抽脂手术之后反而会胖得更多。

## “燕飞式”矫正虎背瘦手臂

**step 1**

双手拇指往外旋转，掌心朝外，双手掌背相对并互相靠近，头后仰，下巴往上顶。

**step 2**

两侧肩胛骨往中间用力挤压，维持7秒后放松，重复挤压放松5~7次。

张老师特别提醒 Tips

肩膀厚的人脖子就短，手臂通常也是粗粗的，这个动作可以矫正上半身的体形，恢复脊柱正常的生理曲线，缓解肩颈僵硬、疼痛的效果也特别显著。

## 腋窝夹挤毛巾

**step 1**

左手水平张开。

**step 2**

将卷成圆柱形的毛巾放在腋窝夹住。

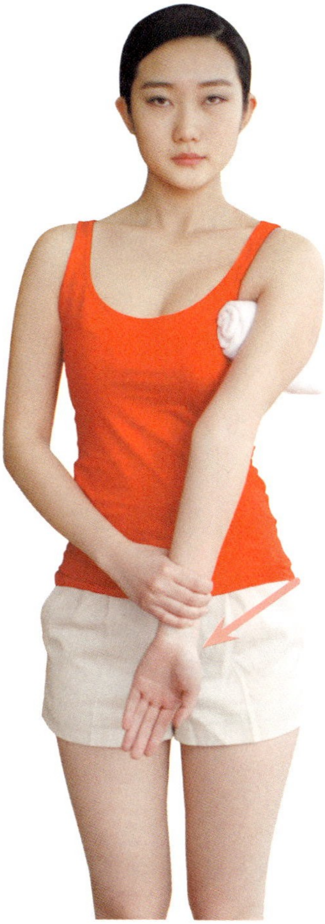

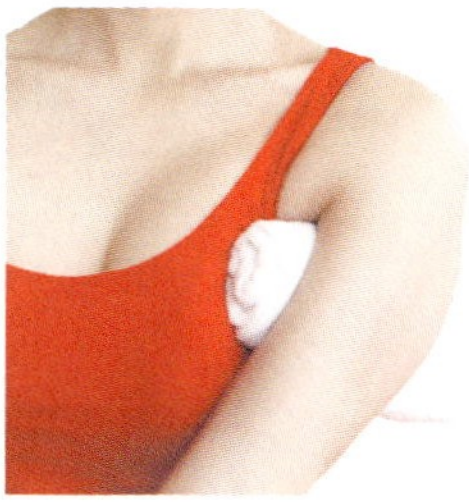

step 3

右手协助左手用力夹紧在腋窝里的毛巾，维持7秒放松，重复夹紧放松5~7次再换手操作。

张老师特别提醒 Tips

这个动作一看就知道可以集中乳房。乳腺小叶增生的女性通常在乳房外侧靠近腋窝处会有许多压痛点，腋窝夹挤毛巾可以慢慢地疏通乳腺。

手臂粗的女性通常在腋窝会鼓出一坨，腋窝是淋巴腺及大汗腺密集的地方，鼓出一坨就会阻碍淋巴循环，手臂的淋巴液必须经过这里回流到心脏，想要瘦手臂必须常按压腋窝。

很多人把腋窝连接到乳房外侧的赘肉说成是副乳，其实真正的副乳是有乳头的，而且和乳房一样会有乳汁及分泌物，大多数人都只是赘肉而已。

## 用毛巾矫正高耸的肩膀肌肉

**step 1**

毛巾搭在左边肩膀上，右手握住毛巾一头放在胸口固定住。

## step 2

右手不动，左手将毛巾往下拉，将肩膀往后、往下压7秒后放松，重复5~7次再换边操作。

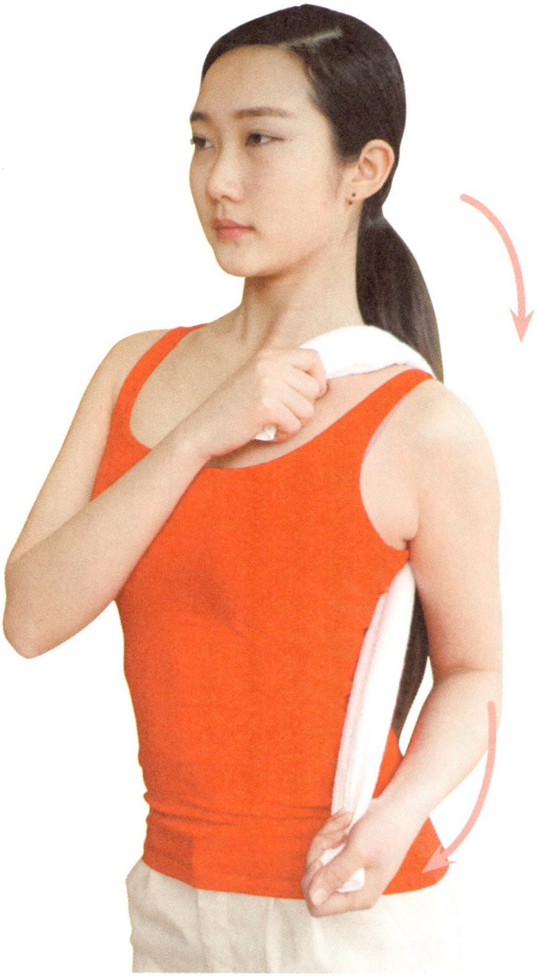

### 张老师特别提醒 Tips

在下面的手将毛巾下拉时，会将高耸的肩膀肌肉往后、往下压，肩膀低下来后，颈部线条就被拉长了。

容易紧张的人肩膀会不由自主地高耸起来，相反地，消除高耸的肩膀也可以消除紧张、缓解压力。

## 扭转瘦手臂

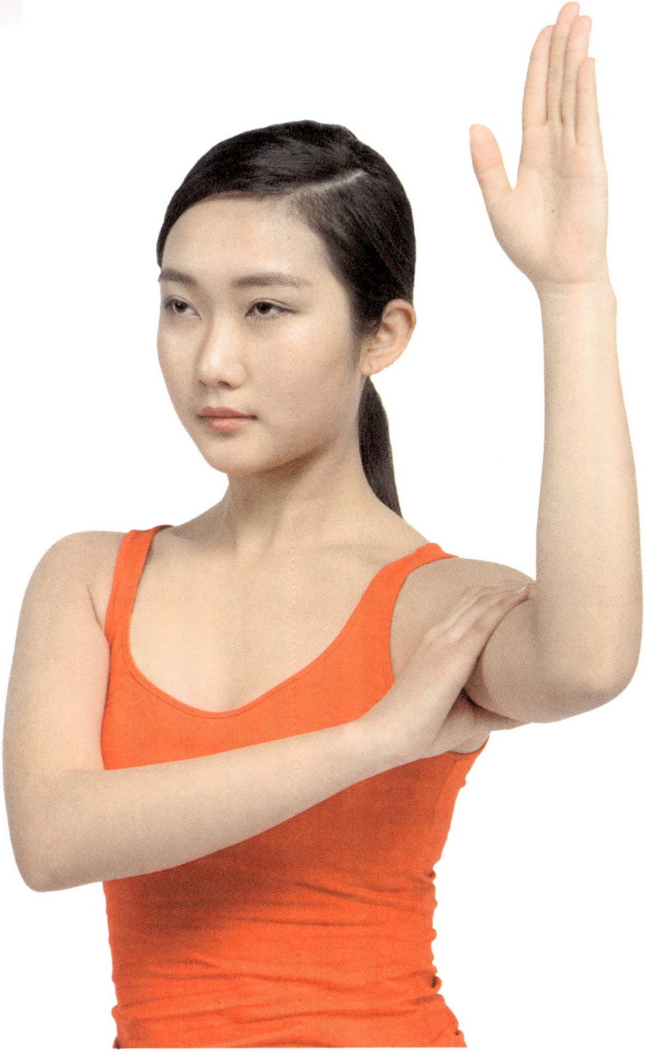

**step 1**

左手举成发誓的姿势，右手手掌抓握左手手臂往后扭转。

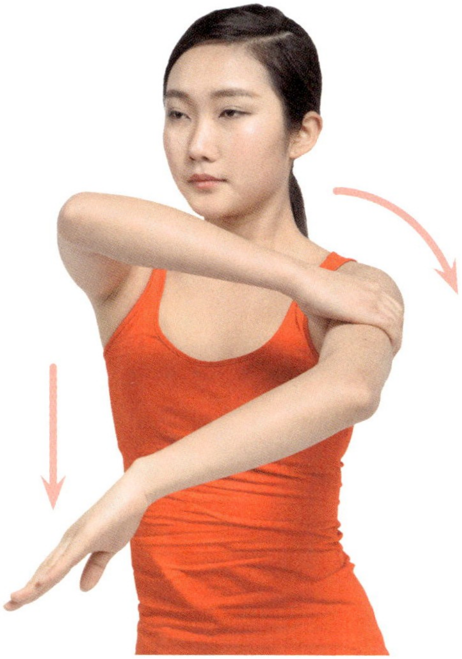

**step 2**

左手手掌往下压使手臂向前旋转，整个胳膊扭转到红或热即可换边操作。

**张老师特别提醒 Tips**

两手同时反方向扭转时，手臂上的赘肉及浮肿的组织液被挤压的扭力压迫而流动，做完这个动作之后，最好接着拍打胳膊，这样能拉紧前面松松的皮肤。

到瘦身美容院去做减肥按摩时也会用到很多扭转的动作，因为扭转就如同扭毛巾，可以产生较大的挤压力量。

## 抓拿胸肌

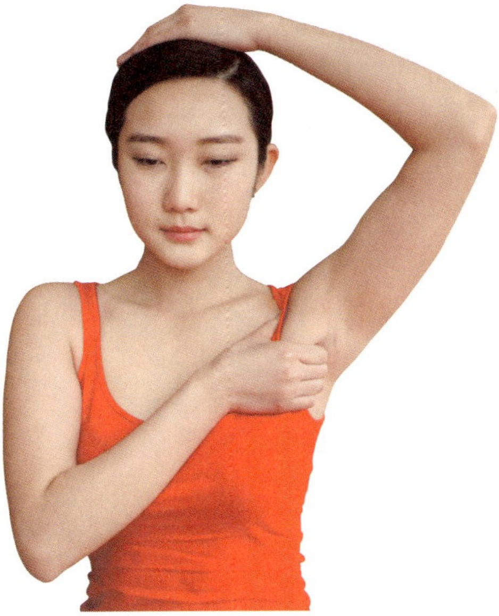

**step 1**

左手放在头上，右手抓住左侧胸肌，像要拿起来一样拉动这个部位的筋。

**step 2**

保持拉住胸肌直到有酸的感觉。

**step 3**

不断地内外摆动左手手肘，让胸肌伸展和挤压，7秒后放开，重复7次。

**张老师特别提醒 Tips**

这是消除腋下赘肉非常好用的动作，当然更是提高及增加双峰饱满度的最佳按摩手法。

情绪低落、郁闷时抓一下胸肌可以让心情马上好起来；落枕时可以抓拿胸肌，会有很好的缓解疼痛的效果；老是驼背挺不起上半身的人，可以通过抓拿胸肌试试看。

拍打松弛手臂

**step 1**

左手举高伸直。

**step 2**

右手不断地拍打左手手臂，直到红或热即可换拍另一手臂。

**张老师特别提醒 Tips**

拍打是让皮肤拉紧最有效的方法，全身都可以用拍打的方法来增加皮肤的弹性。

夹挤伸
展肩胛骨
瘦肩臂

**step 1**

双手举起，成发誓姿势。

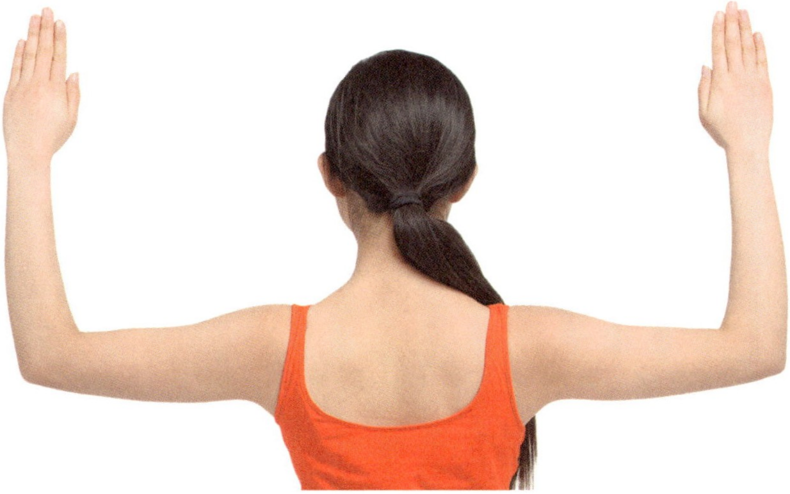

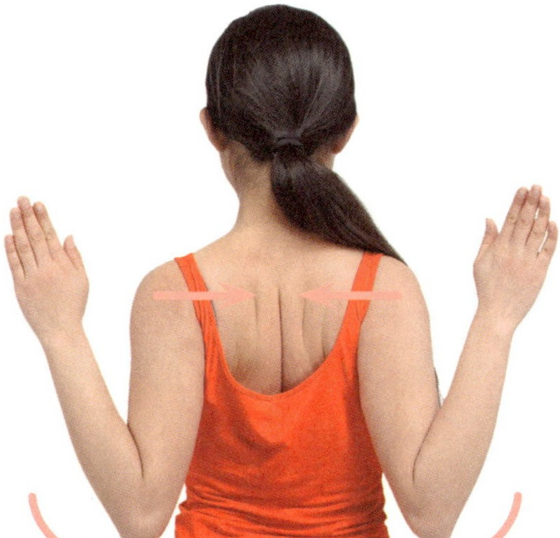

**step 2**

头后仰，双手手肘往下、往后压夹紧肩胛骨7秒。

**step 3**

双手往上尽量举高并伸直，掌背相对靠拢在一起，维持7秒后放下双手，重复5~7次。

**张老师特别提醒 Tips**

驼背、虎背熊腰、肩臂宽厚的人每天至少做5次以上，甚至每个小时一次，一个星期就会发现原本比较紧的衣服变松了。

## 左右摆动胸腔提高基础代谢率

**step 1**

双手手掌朝前，中指贴近耳朵。

**step 2**

下半身不动，上半身往左边尽量倾斜维持7秒，然后换边，做7~9次。

**张老师特别提醒 Tips**

这个动作伸展到胸椎中段，刚好是控制基础代谢率的脊椎段，做完伸展动作之后身体马上发热，而且呼吸顺畅、心情愉悦。

## 扭身促进肠胃蠕动

**step 1**

双手环抱胸口，或在后颈部交叉握住颈部，双肘并拢。

**step 2**

下半身不动，双肘带动身体往左边尽量扭转并停留7秒然后换边，左右扭转各5~7次。

张老师特别提醒 Tips

扭转身体是我们平常很少会做的活动。扭转时，无论是脊柱关节还是内脏都能够伸展活动到，健康的内脏才能够让身体正常运作，代谢也会正常。

发胖大多从腹部开始，胀气是发胖前的特征之一，预防发胖及减肥当然得多做这个动作。

# 03 美颈养成术，这边“颈”色独好

颈部控制全身的所有功能，包括食欲及代谢，当然更直接地影响你的头面部循环、肌肉力量、肤质、气色，连黑眼圈也可以通过颈部来调理。枕骨靠着椅背左右滚动后颈部就是最好的抗衰老按摩，解除后脑勺肌肉僵硬疼痛之后精神状态好，不容易疲劳，所以会较愿意活动，而且对食物口味的喜好也会变得不一样。

经常看到有人为了局部肥胖而节食或是吃减肥药，尤其脸部肥胖。脸大如果是头大的话是不能靠减肥改变的，头大脸当然跟着也大。

圆脸的人通常是浮肿型的，淋巴液积在下巴到耳垂一带，轮廓就不见了。面部轮廓受颈部粗细长短的影响，颈部由肩膀支撑着，所以面部形状会受到肩颈影响，当然也会受骨盆倾斜影响而导致脸歪。除了受伤会影响头面部倾斜之外，不良姿势是普遍的原因。

你的肩膀比较厚吗？你的脖子短吗？脖子短是因为肩膀耸高了。所以想要修长的颈部线条，必须解除耸高的肩膀。颈纹是颈部淋巴液流回心脏的阻碍，颈纹越深就越会阻碍淋巴液流通。双手放桌上缩着脖子耸肩，低头，床上看书、看电视，都是造成颈部挤压出纹路的元凶。

## 夹压颈部

**step 1**

双手十指在后颈部交叉包住后颈部。

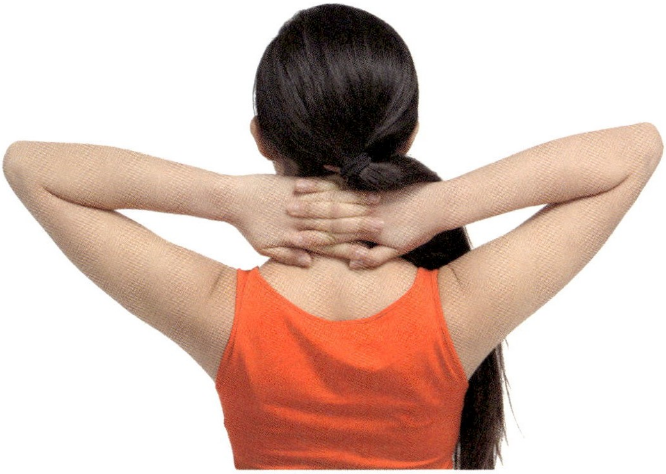

**step 2**

夹住整个颈部，双手手肘尽量合在一起。

**step 3**

右手手肘在上，左手手肘在下，形成交叉把颈部夹紧，脸会红胀，维持7秒后两手上下交换再夹，让颈部肌肉产生酸胀感，夹压5~7次。

**张老师特别提醒 Tips**

这是可以立即缓解颈部酸痛的动作，适合用来防治颈椎病。当然这也是细脖子很有效的自我按摩动作。做完之后，会立即神清气爽、脸色明亮。

**step 4**

手肘、肩膀、身体都不要动，下巴尽量往上顶，让颈部前面的皮肤和肌肉受到伸展。

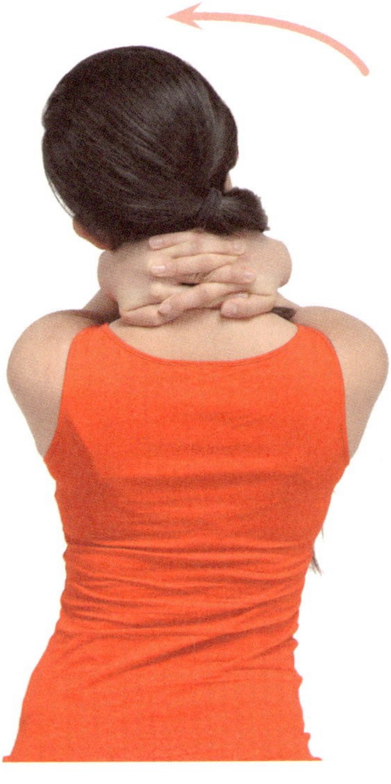

**step 5**

颈部往左边倾到底，此时左侧后脑勺肌肉会顶到左手手刀产生挤压，大部分人都会有酸胀的感觉，维持7秒后换边，反复交换倾斜方向1~2分钟。

**张老师特别提醒 Tips**

针对眼袋、血管型黑眼圈、头痛、头晕、疲劳、颈部酸痛等常见症状，有立即缓解的效果，每天早中晚各一次的话，就可以在一个星期左右看到脖子变得细长。

## 捏拉颈部肥肉

掌心朝上，拇指和食指指腹夹捏靠近面部轮廓的肥肉并往外拉扯。

整个颈部都可以捏拉，捏得越大块越好，捏拉到红或热即可。

**张老师特别提醒 Tips**

捏的块越大，效果越好，也不太疼痛。脖子肥肉多人会显老，有些人身体不胖，就颈部婴儿肥，视觉上让人误以为你是个胖子。

不要像扯痧一样那么大力捏扯出淤青来，这样容易变成一坨纤维化的脂肪硬块。

## 压切侧颈部

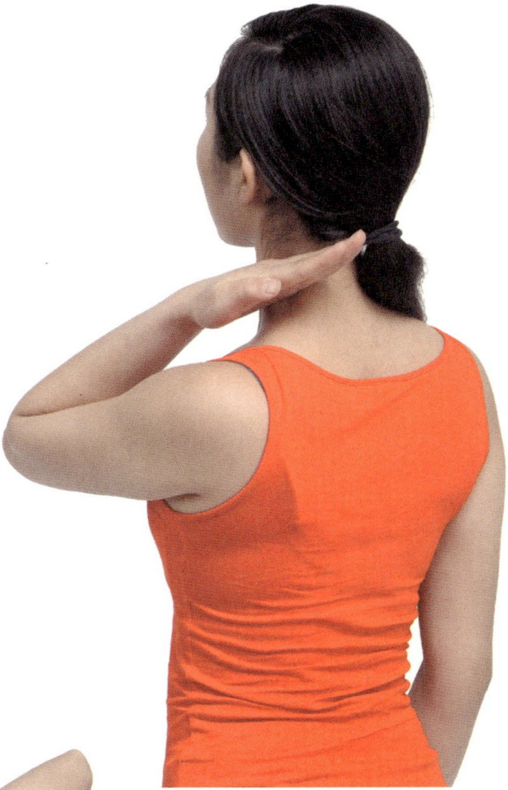

**step 1**

左手手刀压住左边侧颈部。

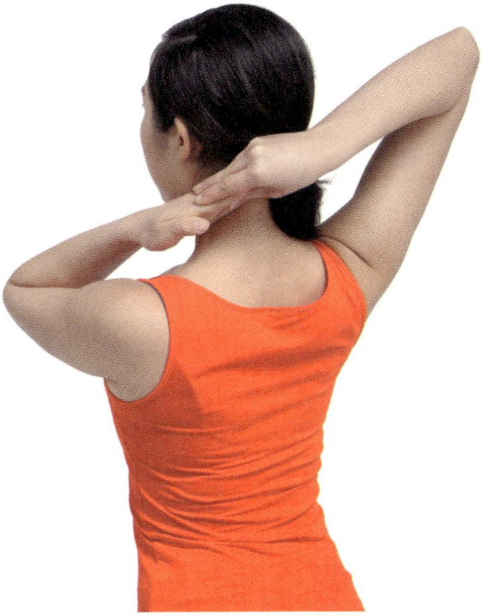

**step 2**

右手拉住左手四指以增加左手手刀压住左颈部的力道。

**step 3**

头向左倾，使颈部产生酸胀感并维持7秒，从颈部最下端开始压切伸展，一段一段往上，可以分4~7段压切，然后换边操作。

张老师特别提醒 Tips

颈部侧面的肌肉一直延伸到肩膀和肩关节，当这个区块的肌肉绷紧时，会使肩膀耸高，让脖子变得粗短，要改善脖子粗短的话当然要经常做这个动作。

肩膀僵硬的时候赶快做这个动作，因为肩膀上的肌肉是从颈部侧面一直延伸到肩膀和肩关节的。

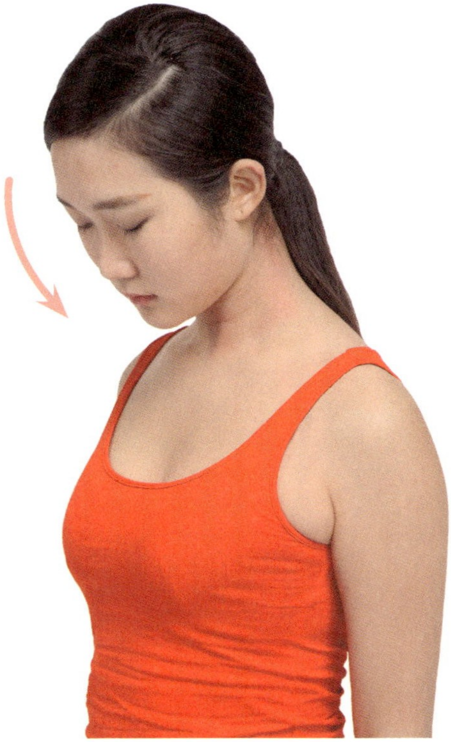

## 点头仰头伸展颈部

**step 1**

身体不动，头尽量低下来，最好让下巴碰到胸口，维持7秒，但不要勉强低头。

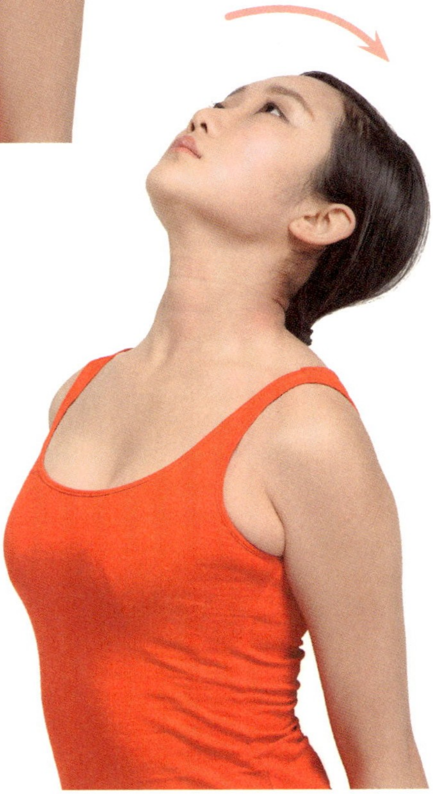

**step 2**

头后仰，让下巴尽量往上顶，维持7秒，低头仰头伸展7次。

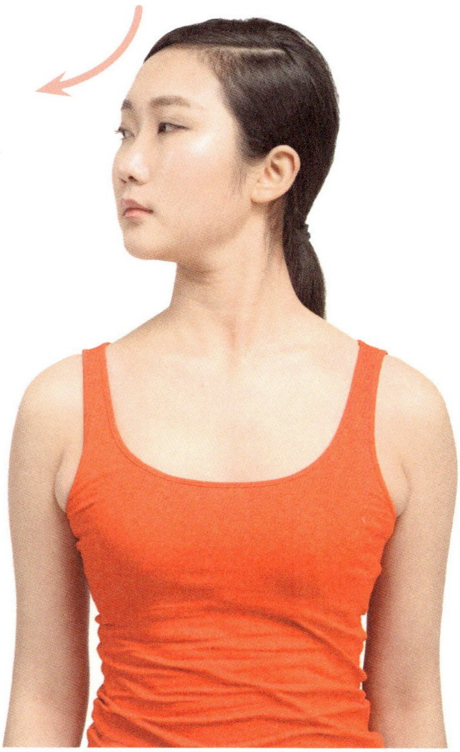

**step 3**

身体不动，头尽量往右转，维持7秒。

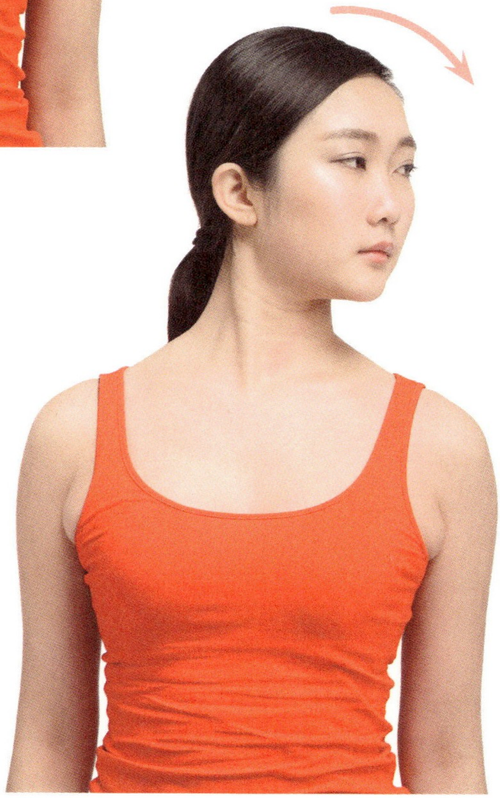

**step 4**

头尽量往左转，维持7秒，左右旋转伸展共7次。

## step 5

身体不动，头尽量往左倾，维持7秒。接着头尽量往右倾，维持7秒，左右倾斜伸展共7次。
以上动作都可以用手协助牵拉伸展。

张老师特别提醒 Tips

肩颈肌肉僵硬的人可以经常做颈部伸展。

## 椅背顶压后脑勺

**step 1**

坐在椅子最前端。双手扶靠保持身体平衡，身体往后躺。

**step 2**

后脑勺靠着椅背上缘并往后仰。

**step 3**
慢慢地左右转头顶压后脑勺肌肉。

**张老师特别提醒 Tips**

后脑勺是头部连接颈部的肌肉群，有好几层的肌肉，使头可以向任意方向活动或维持在一个方向，因此容易疲劳酸痛。健康的长寿老人后脑勺比较柔软，面部皮肤有问题或是气色不好的话，后脑勺肌肉是比较僵硬的，这是可以抗衰老的按摩部位。

全身肥胖浮肿的人按摩后脑勺会立即得到改善，因为这个部位是大脑和身体信息连通的部位。

# 04 拯救双下巴，重塑立体小V脸

如果你之前有点胖胖的，现在身体已经瘦下来了，但却还是拥有一张月亮脸，那么以下方式可以为你解决困扰。但如果你真的是一个胖子的话，那想要让脸变小，最有效的方法就是赶快执行减肥计划。减肥时不要采取过于速成、急躁的方式，因为这种快速的减重方式，会先从上半身开始瘦，脸虽然瘦下来了，下半身却还很胖，整体并无美感，所以瘦脸是一件耗时的工程。

一般来说，脸部容易囤积脂肪的地方，大多是颧骨、下巴、脸颊两侧，所以只要体重稍微增加，就很容易拥有一张圆滚滚的脸。但是当你身体不胖，却拥有一张圆脸时，就要先检查你的脖子了。当脖子的纹路明显、脂肪肥厚时，那就代表头颈部的代谢不良，此时便可按照书中所教的简易动作来改善这种现象。刚开始做这些动作时，脸部脂肪会渐渐地软化，所以刚开始会觉得脸部反而变大了，因为之前的脂肪是僵硬的，开始软化后自然会比较松软，所以会有脸变大的错觉，但这只是一个过程而已，持续运动之后便能看到成效。而且按摩过后，原本脸部特别凸出的部分，会渐渐地变得柔和、平顺，所以脸形会更加紧致好看。

如果你是一个头部比较大的人，天生不能拥有一张巴掌脸，那么此时的按摩重点，便是在修饰脸部的线条与突起处，只要线条看起来顺畅、柔和，也可以在视觉上造成缩小的感觉。常在鼻翼、颧骨等地方多多按摩，就能让脂肪消除，使五官立体。而这些消除掉的脂肪，都必须全部通过颈部排除，所以颈部的按摩绝对不能忽略，对于怀孕或产后妇女，效果会更好。

## 前推下颚，清晰轮廓

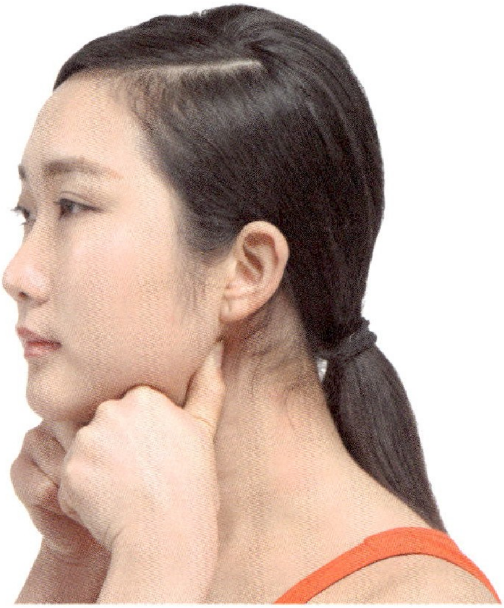

**step 1**

双手拇指指腹在耳垂下顶住下颚骨往前推。

**step 2**

慢慢地重复张口闭嘴1~2分钟。

**张老师特别提醒 Tips**

无论你的脸宽或窄，轮廓明显才是最重要的，只有立体感才能让你上镜。

皮肤有问题，尤其是痘痘正在长，或有红血丝及过敏严重时，按摩这里可以减轻症状。

长寿老人这个部位没有硬块，高血脂及肥胖的人这个部位会有硬块，按压会疼痛。

## 抵压消除双下巴

**step 1**

两手做出“赞”的动作并拢在一起，拇指指尖同时抵压住下巴。

**step 2**

往上顶的同时，下巴往下压7秒后放松，反复5~7次。

**张老师特别提醒 Tips**

做这个动作时，会有想要流口水的感觉，配合前推下颚动作，可以让肥肥的圆脸逐渐地轮廓清晰。

## 拇指刮轮廓

**step 1**

拇指指腹压住耳垂下的下颚骨后侧。

**step 2**

沿着下颚轮廓线刮向对侧，然后换边操作，各刮9~12下。头可以配合着拇指指腹刮的动作反方向旋转。

**张老师特别提醒 Tips**

这个部位真正产生脂肪的并不多，大部分都是淋巴液，譬如咽喉炎及口腔发炎时会在下颚摸到明显的淋巴结。我教过很多明星及新闻主播在上镜之前做这个动作，在镜头前立刻能看到立体的轮廓，有小脸的效果。

## 刮除眼袋和黑眼圈

**step 1**

两手食指跪指状挨着鼻梁骨。

**step 2**

往耳朵的方向刮过去。

**step 3**

刮到耳前鬓角处压住7秒，重复刮7~12下。

张老师特别提醒 Tips

眼睛疲劳时刮这条线会有酸胀感，尤其是停留在鬓角时。

这是眼部血液、淋巴液回流的路径，因此可以消除眼袋。

血管型的黑眼圈是因为血液流动速度较慢使得眼窝的静脉血管膨胀变粗，因此看得到静脉颜色，呈现黑眼圈。

## 夹捏脸颊肥肉

拇指和食指夹捏脸上肥肉左右扭转7秒后换点操作。

也可以用两手的指尖互相挤压脸上肥肉，效果是一样的。

张老师特别提醒 Tips

皮肤比较敏感的人刚开始不要按摩太久，按摩完之后可以用冰块或是冰敷机绕圈按摩1~2分钟，让血管收缩。

敷面膜之前捏脸，叠加效果会更明显。

不要担心皮肤会因此松弛，皮肤这样刺激反而会增加弹性，就像练瑜伽的人越伸展就越有弹性。

## 食指、中指跪指状压咬肌

双手食指和中指跪指状压在左右下颚的咬肌感觉最酸胀的点上，嘴巴慢慢地张开，再慢慢地闭合，连续1~2分钟。咬肌比较大的可以分2~3个点操作这个动作。

张老师特别提醒 Tips

很多人会选择瘦脸针来处理这块发达的咬肌，打过两次以上的人会发现颧骨很明显地鼓出来，这是因为咬肌萎缩使腮帮子凹陷，就像老人的脸肌肉萎缩之后也会是这样子。

## 眼眶扩张法

### step 1

左手掌心及四指覆盖在右边额头上，小指头及手刀边缘挨着眉毛，右手四指贴着下眼眶，两手同时往上下拉，扩展眼眶7秒后放松，重复5~7次。

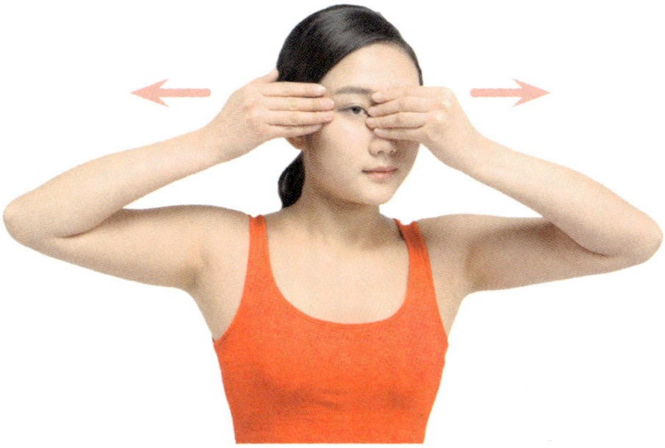

**step 2**

左右手四指指尖分别压住眼眶内侧鼻梁骨及眼眶外侧眼尾处。同时往左右两个方向牵拉扩展眼眶7秒后放松，重复5~7次。

**张老师特别提醒 Tips**

近距离观看电脑、电视、手机等，皱眉头，眯眼看东西，容易造成眼睛疲劳，眼压越来越高，这两个扩展手法可以快速消除眼睛疲劳，代谢淋巴液，当然就可以减轻眼袋及血管型黑眼圈了。

眼睛疲劳时不要揉眼睛，做一下眼眶扩展运动，才不会因为揉眼睛而伤害眼珠子及皮肤，造成眼周色素沉淀及皱纹产生。

## 集中挺高鼻梁，畅通呼吸

### step 1

两手食指共同夹住鼻梁骨，两手不动。

### step 2

头往后仰让鼻梁被牵动，但不要滑动，保持牵引力量7秒后放开，重复5~7次。

### step 3

右手手掌及四指都紧贴着额头，左手夹捏住鼻梁骨，右手往上，左手往下同时牵拉，保持牵拉力量7秒后放开。

**step 4**
两手交换位置，牵拉鼻梁骨和额头，重复6~8次。

**张老师特别提醒 Tips**

每天至少拉5次，鼻梁骨会越来越立体，改善鼻塞的效果当然很好。

慢性鼻炎的人做这两个动作可以马上减轻症状。

黑眼圈和鼻子有很大的关系，因为下眼眶的静脉血液和鼻子两侧的静脉血管是汇集在一起流回心脏的，所以鼻子有问题时就会影响下眼眶的静脉血液回流。

## 疏通眼眶下循环

**step 1**

双手掌心朝上，拇指指腹压住鼻翼两侧。

**step 2**

顺着颧骨的圆弧往外滑拉至耳前，重复滑拉7次。

**张老师特别提醒 Tips**

有血管型黑眼圈及眼袋的人刮这里会有酸痛感。

眼部血液及淋巴循环的其中一条路径就是沿着流眼泪的方向下来的，在颧骨下有阻碍点时就会影响循环回路，因此按摩这里会有酸胀感。

## 消除疲劳，提高眼尾

**step 1**

在发际的高度，顺着耳朵上来的位置用右手四指指尖勾拉住头部左侧的头皮筋膜。

**step 2**

左手四指指尖和右手四指指尖靠拢，双手同时施力往上往下牵拉7秒，重复5~7次后换边操作。

**step 3**

在发际的高度，顺着耳朵上来的位置用左手四指指尖勾拉住头部左侧的头皮筋膜。

**step 4**

右手四指指尖和左手四指指尖靠拢，同时施力往前后牵拉7秒，重复5~7次后换边操作。

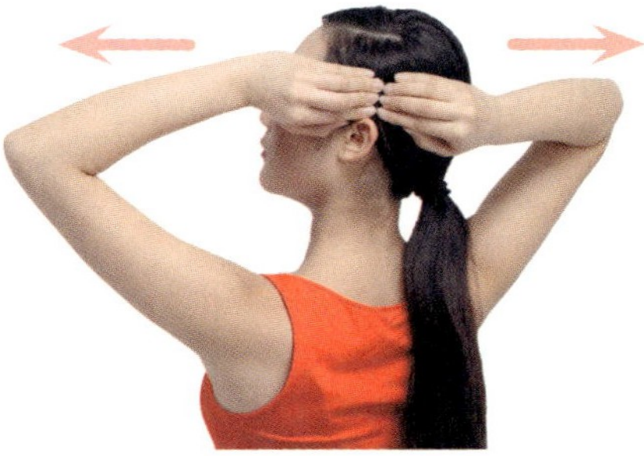

**张老师特别提醒 Tips**

咬紧牙根时这个部位的肌肉会鼓起来，张开嘴巴时肌肉变薄，这是帮助咬紧的颞肌。颞肌经过太阳穴且连接着眼轮匝肌，所以会影响眼部循环及眼尾高度。

# 第三章

## 你为什么“变形”了

### 身材和容貌变形的原因及自检方法

Chapter

03

# 01 造成身材和容貌变形的不良习惯

要曲线漂亮当然不能缺少运动，但更重要的是姿势正确。从姿势仪态改变你发胖部位的结构、从行走坐卧中找出轮廓身材变形的原因、从生活习惯上调整你的体质、运用简单的饮食原则、纠正服装上的错误穿着观念、局部塑身，这些都是最好用的方法。

胖是别人说了算的？大部分胖子都因为别人的一句话而放弃坚持，别人真的会那么在乎你的模样改变多少吗？你的胖瘦需要别人来告诉你吗？

有些减肥没效果的说法只是从运动的角度来看，所以会有偏颇，比如普拉提和瑜伽拉筋的运动量看似不大，但是因为锻炼，使得你的骨架结构变好了，连带着代谢量增加了、不良习惯改变了，也就更有精神了。要真正减肥，其实观念对了，你就瘦了。

减肥依靠药物是不对的。减肥药的副作用你知道吗？肥胖本来就是饮食和生活习惯造成的。如果是局部肥胖的话，就必须观察自己的驼背姿势、过紧服装、懒散的行走步态。比如内衣内裤的松紧带造成局部的压迫，影响循环并挤出变形的肥肉，高跟鞋让膝盖周围形成脂肪及浮肿，小腿为了维持站立平衡而过度用力就会变成萝卜形。

身材和容貌变形的不良习惯具体来说，包括以下四个方面：

## 衣着

破坏体形的衣着包括：胸罩太紧、内裤太紧，以及整天穿会压迫循环的塑身衣、高跟鞋、平底鞋，背单肩包等。

名模们为了避免破坏臀形，所以都穿丁字裤，感到奇怪吧？这样屁股不会下垂吗？放心，屁股不是靠内裤支撑固定的。相反的，有松紧带的内裤就是破坏臀形并压迫血液循环的罪魁祸首。内裤起的是卫生保护作用，太紧会造成压迫，尤其是松紧带的压迫更为严重。夏天松紧带对臀形的破坏到处可见，松紧带把屁股分段了，就像粽子一样，捆绑得越紧，凹陷越深，不但挤压出赘肉，而且影响循环。脱下内裤看到勒痕就

是太紧了，不要迷信紧一点可以集中托高，穿得宽松，不但不会破坏臀型，透气也比较好。

单肩包容易滑掉，所以背单肩包会不自觉地抬高肩膀，时间久了肩膀就真的高了。肩膀高了，脖子当然就缩短了。再怎么好看的单肩包挂在短脖子的女性身上会好看吗？轮流左右斜背或是双肩包当然是最好的。

平时可以多看看别人的姿势，观察一下不良姿势造成哪里变形了，以此提醒自己不要犯同样的错误。身材不只是靠嘴巴控制出来的，正确的姿势更加重要。

## 鞋子

鞋子对身材和健康的影响非常大，高跟鞋和平底鞋对脚底的支撑是不正确的，会影响腿部肌肉的施力。

观察穿鞋后的腿部形态就会发现不同鞋子对腿部的影响。穿上高跟鞋，会让小腿和膝盖往后弯曲，使脚踝变粗。

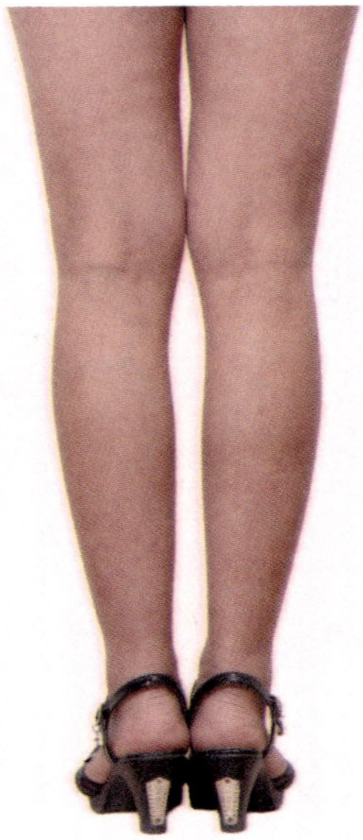

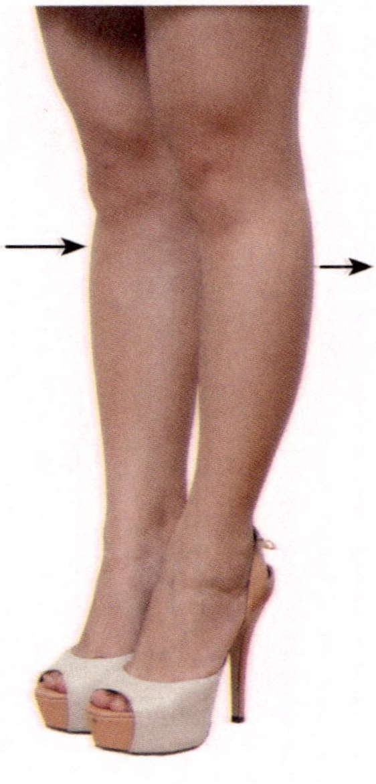

为了维持身体平衡，小腿肚必须不断地用力，加上小腿后弯的力量使小腿肚变粗了。

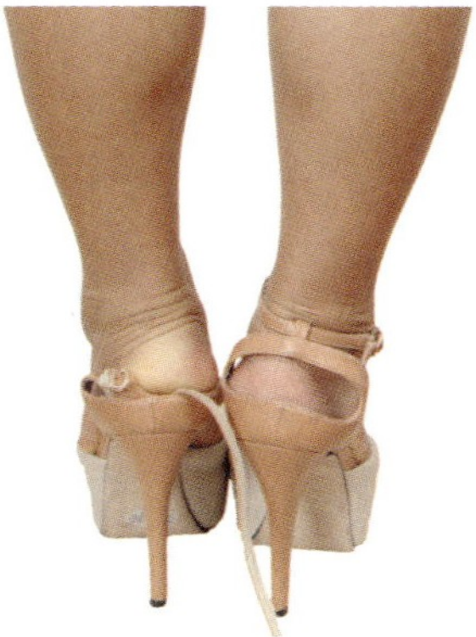

脚后跟被鞋跟顶高而挤压出好几条皱褶。

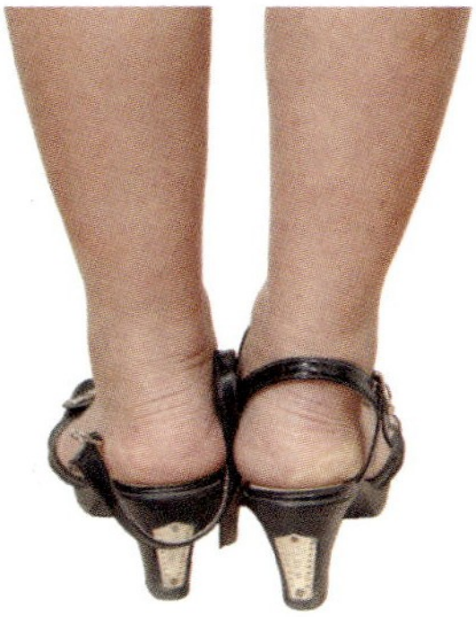

除了产生皱褶之外，也会因为脚踝角度改变了导致循环不良，容易浮肿，脚踝骨也变得不明显了。

**张老师特别提醒 Tips**

浮肿体质站和坐的时间越长，就越看不到脚后跟的肌腱和内外踝，脱掉鞋子和袜子后还会有压痕。

无论高矮，正确的姿势都能够带给你漂亮的气质，这不是鞋子可以改变的，长期穿高跟鞋造成的身材和脚趾变形及身体伤害非常大，而且还会让你变丑。大多数的女性不以为然，穿上漂亮的高跟鞋后步态懒散、走路摇摇晃晃，殊不知高跟鞋不仅破坏身材，更伤害脊椎。

平底鞋造成足弓下沉，会变成X形腿，没有足弓的话身体容易浮肿。

因此，不要穿高跟鞋和没有支撑足弓的那种平底鞋，球鞋和运动鞋及具有功能性的健康鞋是比较好的选择。另外走路时跨出步伐，不要脚掌拖地，大步走路可以伸展臀腿肌肉。

## 饮食

吃东西不是看数量而是看营养是否均衡，看食材好不好，看有没有太多人工添加剂，看是什么样的油，看是不是勾了芡。如果可以自己榨油当然比较安心，但也要注意经常变换食用油的种类。造成肥胖的不良习惯及饮食偏好概括说来，包含以下几点：没有正常吃三餐、早餐吃得太少或不吃早餐、晚上吃水果、饮食太过油腻或吃油炸食物、挑食。

很多人觉得水果好吃，但是白天上班没空吃，只有晚上到家后才有空享用，这时候肥肉也就不知不觉地囤积起来了。水果早上吃和晚上吃有截然不同的效果，早餐吃水果吸收的养分提供你一天消耗，而晚上吃则会囤积起来。吃水果是补充营养的，营养均衡很重要。你的饮食起居都会影响代谢，吃的时间会决定食物的营养是吸收利用还是囤积成为肥肉，水果甜分可以快速补充能量，早上吃的话就精神好，而且一整天都在利用这些吸收进来的能量，如果晚上吃的话没有任何活动可以消耗，当然会囤积起来。吃水果的咀嚼动作也有助于瘦身，所以水果尽量不要打成果汁。

说胖子是“营养不良”你很难相信吧？其实胖子不是因为吃得太多，而是偏食太过严重。大部分的胖子都是不愿意吃帮助代谢、促进肠胃蠕动的食物，相反瘦子却是几乎什么都吃，而且食量很大，所以想要减肥就先开始均衡地饮食，除了加工制品之外什么都可以少量地吃，不同营养素在体内各自分工，才能供应身体的各种需要。

## 作息

休假期间之所以容易胖不只是吃多了那么简单，作息不正常是最大的原因。人有自然的生理时钟，会随日夜交替而产生不同的生理作用。白天是交感神经运动较活跃的时候，所以代谢的速度会比较快；夜晚则是副交感神经运作的时候，对于脂肪的吸收和存储功能较强。晚睡晚起会打乱生理时钟，影响代谢功能，不吃早餐是很多胖子越来越胖的原因之一。

当然也有人很早就就寝，但是很晚才起床，这样睡眠的时间太长，对于减肥也是非常不利的，睡觉最重要的是睡对时间，尤其是晚上10点到凌晨2点，这段时间是人体进行修复的重要时间，所以应该在这段时间好好地睡觉才对。

睡眠的效率和品质也很重要，不是睡了很久就代表睡饱了，有出国旅游经验的人都知道，即使是每天睡眠的时间很短，但是并不会觉得很累，这有两个因素，一个是因为心情上的不同，另一个因素则是接触的环境不同。尤其是到一些风景区去旅游的话，更会让人觉得精神百倍。所以早上尽量早一点起来到公园去走一走，如果家的附近没有公园，可以在上班或上课的途中找个大一点的公园走动一下，再去上班、上课。假日的时候用来睡觉实在是太浪费了，找个车程不太远的郊区去走走、透透气。不要做太累的活动，这样精神会比较好。

# 02 影响身材和容貌的姿势

下图中的三七步站姿会让大部分重量落在后面那只脚的膝盖和髋关节上，因此腿会往后弯，慢慢地变成扁担形，髋关节那边的肌肉及脂肪鼓出来使臀部下段外扩。

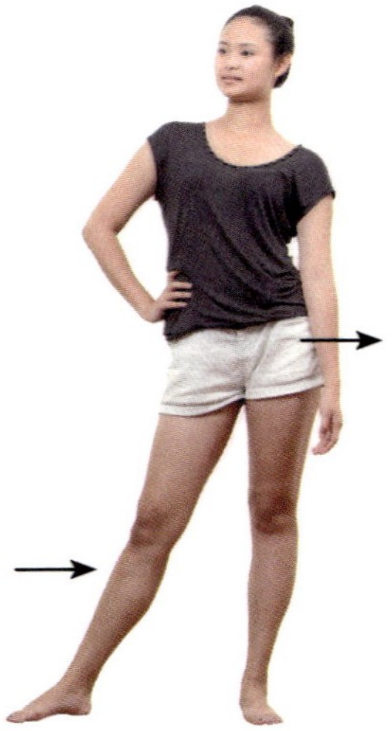

**张老师特别提醒 Tips**

不良姿势让腿往后弯曲，同时往外扭转了。身体任何部位变形都会直接影响该部位的血液循环，然后影响功能，容易产生酸痛、浮肿或是经常扭伤、拉伤，脂肪也容易囤积在变形的部位。循环不良会造成代谢缓慢，因此该部位会越来越粗大并且不容易代谢。腿弯曲变形的同时，必然伴随着骨盆倾斜外扩，形成肥臀、粗腿、大肚腩。

头低下来，颈椎骨就会往后鼓出来，挤出好几条颈纹，双下巴也是这样挤出来的，颈椎正常应该前弯的生理曲线不见了，变得过直。

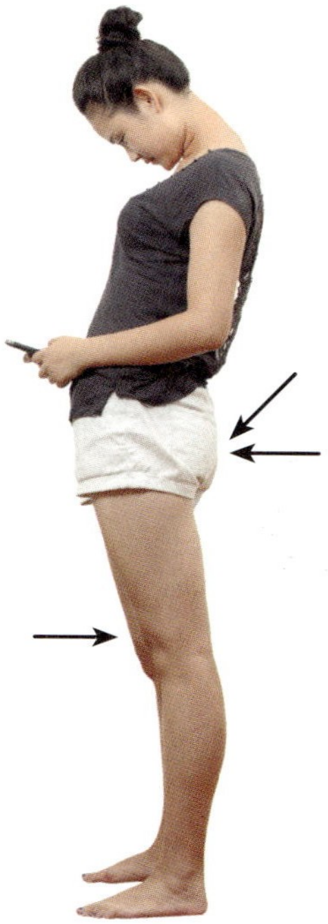

图中的低头挺腹看手机姿势，肚子挺出去顶着手机，小腹当然会鼓出来。
屁股往前压进去变成了扁塌的臀形，腰椎受力比较大，容易造成腰椎关节及腰肌劳损。
小腿往后弯使膝关节承受比较大的压力，会让膝关节提早退化。

**张老师特别提醒 Tips**

站着的时候肚子往前顶出去，这样的姿势让屁股凹陷进去，变成宽扁形，膝盖往后弯。尤其用肚子往前顶着手机加上低着头，小腹顶出来了、屁股压塌了、颈椎变形了、颈纹挤压出来了、小腿往后往外弯了。

经常往前挺着肚子让屁股也跟着凹进去，站立时屁股会凹陷是因为下垂了，试试看趴着的时候是不是不会凹陷？脚往后弯的习惯导致小腿往外弯。尤其是穿高跟鞋时最容易这样子。屁股不是真的翘，而是腰椎过度前弯，就像鸭子一样的屁股形态，肚子很容易挺出来，这最容易阻碍下半身的循环，会逐渐形成浮肿、静脉曲张、橘皮等，若再加上双手抱胸的姿势，虎背熊腰的体形就出来了。

打电话时你是这样吗？一边侧头缩着脖子接电话，一边记笔记，肩膀耸高，颈纹就是这样被挤压出来的。

**张老师特别提醒 Tips**

假日你在做什么？正在用不良姿势看电视吗？双手趴在桌上上网吗？低头玩平板电脑吗？这些事情都会伤害脊椎、破坏体形。

低头打电脑和看手机、看书更是让颈部正常前弯的弧度反向后凸了。所以现代大部分人年纪轻轻的就得颈椎病了。一回家就窝在沙发上，蜷曲成虾子一样的体态，因为疲劳是骨架最容易变形的时候，姿势不良就把肩膀和骨盆撑宽了、脖子缩短了、肩膀耸高了，虎背熊腰就形成了。

坐着的时候把电脑放在腿上，因为高度不够会习惯踮起脚尖，这样会使脚踝变粗。

低头耸肩玩手机，小腿往后勾垫脚尖。低头弯腰把后背撑开变宽了，颈部挤出皱纹来，颈椎会严重变形，在后颈部和肩膀交界处鼓起来一个包。长时间垫脚尖让小腿的肌肉及脚踝骨鼓出来变粗，腿也变形了。往后勾脚坐，经过膝腘窝的回流受到压迫，循环速度变慢，下肢容易浮肿及变形。

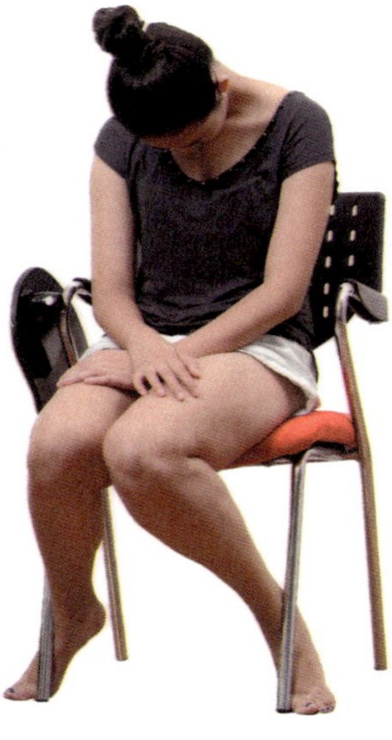

掌心朝下身体弯曲，肩背容易撑开变成虎背熊腰，骨架张开后就有机会囤积脂肪了。膝盖并在一起，脚掌却张开垫脚尖往后勾，腿部肌肉不正当地用力，腘窝的回流受到压迫变慢，小腿容易浮肿及变形。X形腿就是这样形成的。

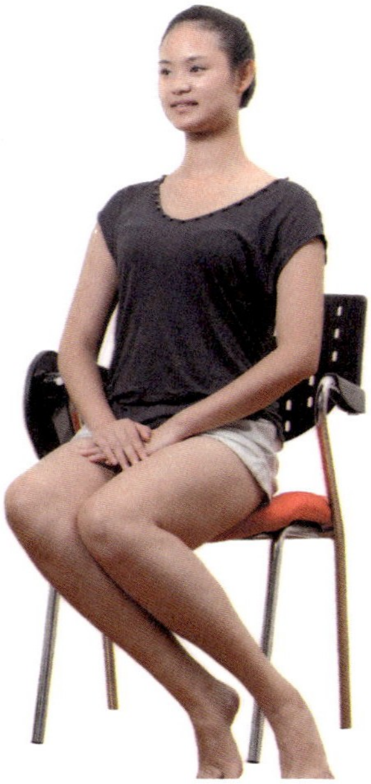

脚往侧边倾斜的坐姿会让骨盆倾斜变形，脚的力量都集中在脚尖上，小腿的肌肉也在持续用力，小腿与大腿的角度小于90°，血液的回流也受到了压迫，淋巴液堆积腿部容易造成浮肿、变形。

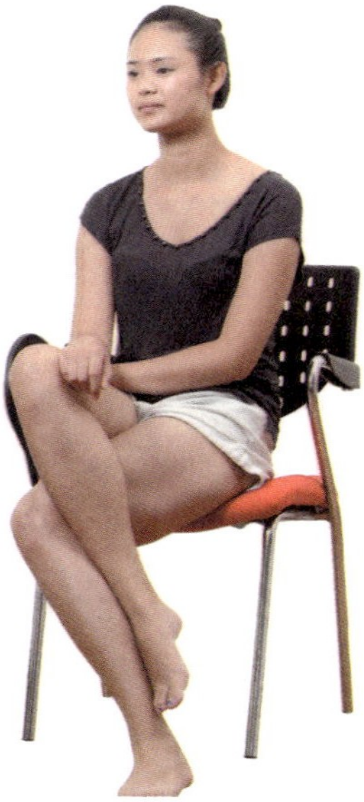

跷二郎腿的习惯会让骨盆和大腿交接处往外扩张，脂肪有地方囤积，宽屁股就这样形成了。小腿交叉扭转特别容易变形，下半身的循环都受到压迫，甚至因为腰椎跟着扭转造成椎间盘突出导致神经压迫。

驼背的坐姿使肠胃的蠕动因受到挤压变慢了，循环不良让肥肉囤积到腹部，背部也被撑开形成虎背熊腰的体形。

驼背时身体往前弯曲，头自然会后仰地做出缩着脖子、耸高肩膀的姿势，除了颈椎关节变形之外，后颈部会挤出颈纹。

**张老师特别提醒 Tips**

很多人说因为做功课、看书、用电脑、玩手机等身体变形了，难道非得弯腰驼背才可以做这些事情吗？发育期间姿势不良容易导致脊柱变形侧弯。持续低着头会逐渐变成熊猫体形，你的后颈部跟肩膀交界处大椎鼓出来一个包，颈椎往后突出，脊椎骨往后顶出来，颈部前侧的淋巴回流被挡住了，脖子的颈纹被挤压出来了。除了脊椎和肌肉损伤之外，形状也改变了。脸部循环受到影响了，脂肪代谢慢了，淋巴液滞留在面部之后，淋巴液在地心引力的作用下让脸垮下来了。

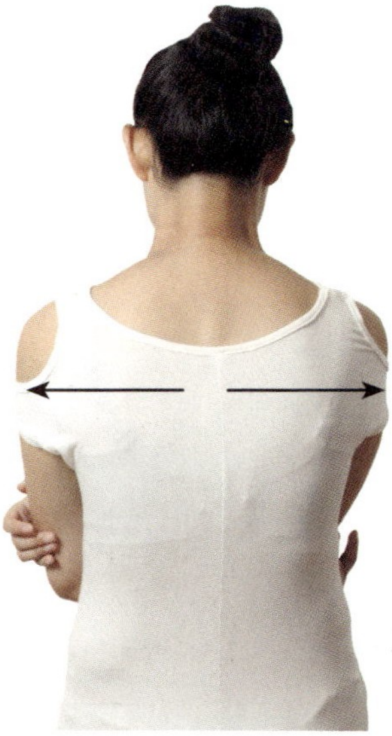

双手抱着胸口，身体往前弯曲窝着，肩胛骨会往外扩展变成虎背熊腰。持续驼背的姿势，就会挤出来一坨一坨的肥肉，脖子缩短了，颈纹被压出来了。

**张老师特别提醒 Tips**

圆滚滚的身材就是这样产生的，骨架撑开了之后就有空间囤积肥肉了。

双手放桌上支撑的动作使肩膀撑高起来，肩膀耸高让脖子缩短了，头往前伸让颈椎正常的生理弧度不见了。这个姿势最容易让肩胛骨往外扩张变成虎背熊腰，肚皮会因为身体弯曲而挤出皱纹和小腹，骨盆因承受上半身压下来的力量也撑宽了。

手撑着下巴也会把脸颊往上挤压，在下眼窝形成皱纹，双下巴和颈纹当然也是这样挤出来的。

手撑着下巴，手上的细菌一直在与下巴接触，再加上指甲一直抠这里的皮肤，痘痘就会反反复复一直好不了。

张老师特别提醒 Tips

不良习惯是形成皱纹的原因之一。照镜子看看手撑着下巴和脸颊会挤压出什么样的皱纹。

# 03 哪些特征说明体形已经变差了

## 自检体形该观察的地方

如何通过自检发现自己的身材体形变差了呢？建议从以下地方观察：肚脐形状、肩膀高度、肩胛骨高低、背靠墙壁垂直线测试、肩膀高低、包肩、两腿之间的空隙、足弓弧度、膝关节周围脂肪、静脉曲张、大腿手臂粗细、肩膀宽厚、骨盆宽窄和高低、臀部是否下垂、肚子是否鼓出来、两侧乳房大小高低、穿裙子方向是否会跑掉。

下面我们举一些例子：

脚底板的足弓弧度不见了，下半身就容易浮肿。

大椎有一个包的话，表示你会驼背、经常低头、枕头太高。

你的脚踝看得到骨头吗？脚后跟到内外踝的后面应该是凹陷的。压下去如果你感觉有液体在里面的话，就是有浮肿了。置之不理的话，情况将会越来越严重，特别是下班回家脱掉鞋子之后你会发现脚上有鞋子和袜子的压痕。

反手虎口叉腰，用虎口挤压胯骨最上缘，可以找到圆弧形的胯骨边缘，然后用两手指尖在胯骨边缘前后一起挤压，可以挤出一坨赘肉，观察这坨赘肉的软硬及厚度，这是中广型肥胖的特征。

知道怎么检查自己的屁股下垂多少吗？四指指尖对齐并拢勾住臀部最低的地方，往上快速地顶几下，感觉松软的程度。然后整个手掌捧着臀部下缘尽量往上拉（不能滑动），可以捧高的程度代表你臀部应该拥有的高度。

## 背靠墙壁垂直线测试

我们人体的正常曲线从侧面看，后脑勺、上背部、屁股、脚后跟一起靠到墙壁是很容易的，你的头如果没办法靠到或是非常勉强才能靠到墙壁的话，那就是身体的正常曲线严重变形了。

肚子上肥肉容易晃动、捏按是软软的甚至温度比较低、肚脐是圆的不然就是横向扁的、小腿是往外弯出去的，这是浮肿型的，里面大部分是组织液，用自然疗法可以比较快地代谢出去。但是时间久了就会逐渐产生比较硬的脂肪，到时候要减掉就比较难了。浮肿型的人一般是从食物或饮料中摄取了过多的盐分（含钠离子）。

坐太久屁股会变大？其实是坐姿不良才会变大，站姿不良一样会变大，因为扭曲的姿势会把骨盆撑开。

大部分女孩都会有X形腿，大腿和小腿空隙较大，膝盖能够并拢但小腿往外弯，膝盖髌骨边际不明显且可以捏起来肥肉。

膝盖后面的腘窝鼓出来，而它应该是平的。

小腿后面看得到静脉曲张。

左右臀部高低，有可能是内裤造成的。

屁股的微笑线臀沟不明显，表示屁股下垂且造成大腿根部变粗。

平常会有往前挺出肚子的习惯。

如果腿部已经有静脉曲张了，那就少穿高跟鞋及尖头鞋，不要一直坐着，尤其是不良的坐姿，以免影响下半身血液循环。坐着时多做踩刹车动作活动小腿，多走路可以活动腿部肌肉，帮助下肢血液回流，预防下半身浮肿，穿着塑身衣的话更得多活动下半身。

## 从肚脐判断自己的身体变形

不同身材体形的人肚脐是不一样的，甚至你自己从婴儿到年老，经

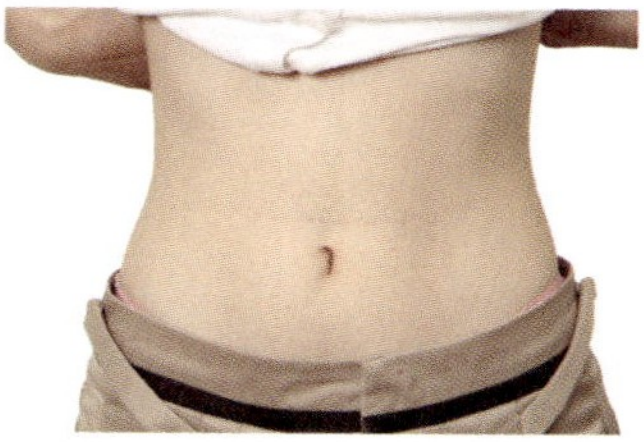

这就是一条纵线，只可惜上端偏向身体右边，仔细看两侧腰的弧度也不一样，这就是身体左右不对称了，往前弯腰时，从背面可以看出有脊柱侧弯。

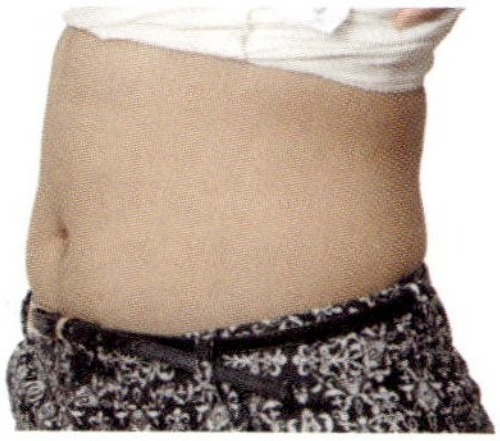

肚脐周围肥厚的脂肪，让肚子往前挺出去了，肚脐跟着往前出来变成圆形。所以肚脐变圆就得注意你已经开始在腹部囤积肥厚的脂肪了。

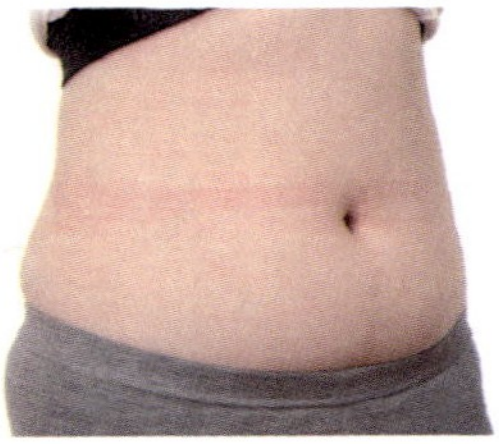

肚脐正中线会有细毛或妊娠线（肤质细嫩白皙的未怀孕女性通常颜色会比较淡）。看看是不是一直线，肚脐有没有在正中线上。如果不是的话，就得赶快纠正不良姿势了，因为这表示身体已经歪了，肚脐或妊娠线当然会跟着歪斜了。

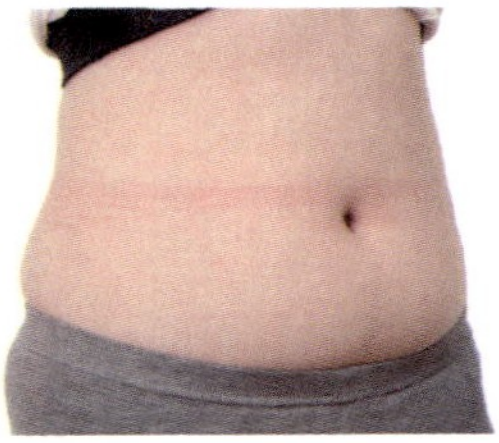

肚脐像一张嘴角下垂的嘴巴形状，而且还会在肚皮上挤出几条皱纹，这就是身体经常往前弯曲的坐姿挤压出来的，把原本应该一条竖线的肚脐压扁了，在身体外部变形时内脏也跟着受到挤压变形，影响器官正常的活动角度，日积月累能不生病吗？

历胖瘦、长高、怀孕等阶段，肚脐都是一直在变化的，肚脐在腹部的正中线，最理想的形状是一条纵线，这种肚脐的女性都是拥有水蛇腰的曲线的，相对的，如果肚脐是圆圆的，那你的身材也会越来越圆。

## 从肩背胸口的骨架观察

在没有刻意调整姿势的情况下可以观察左右肩膀的高低，看左右锁

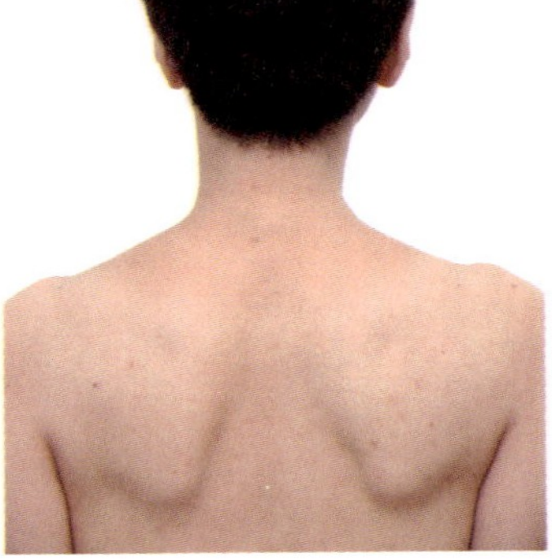

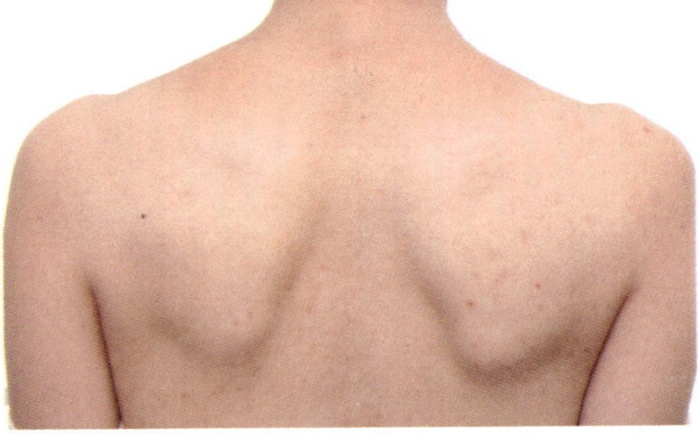

骨及肋骨有没有不一样的形态，哪一边鼓出来，哪一边比较凹陷。

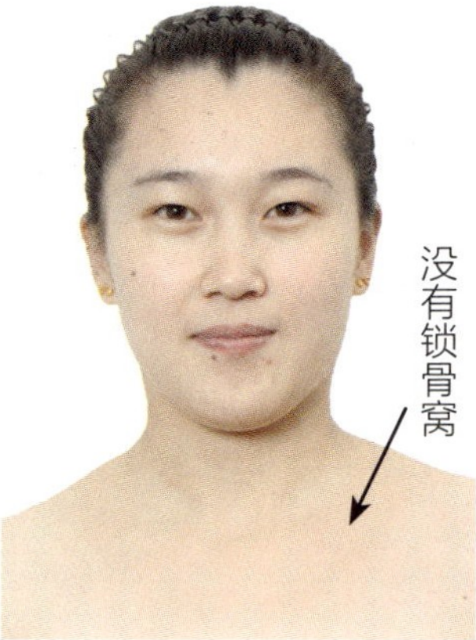


观察肩胛骨左右是否对称就可以知道是不是高低肩膀，明显地看到肩胛骨露出来是身体不健康的征兆，这样的人通常容易胃下垂，营养吸收能力差。

胸椎最上面的四节不在一条直线上的话，背部比较容易长痘，因为瘙痒抓出一片片的色素沉淀，这里也是直接影响心肺健康的部位。

锁骨上面应该有凹陷的锁骨窝，没有锁骨窝的人通常是浮肿型的肥胖，加上肩膀高就会让脖子看起来比较短，这种体形的女性在更年期之后容易得心血管疾病。

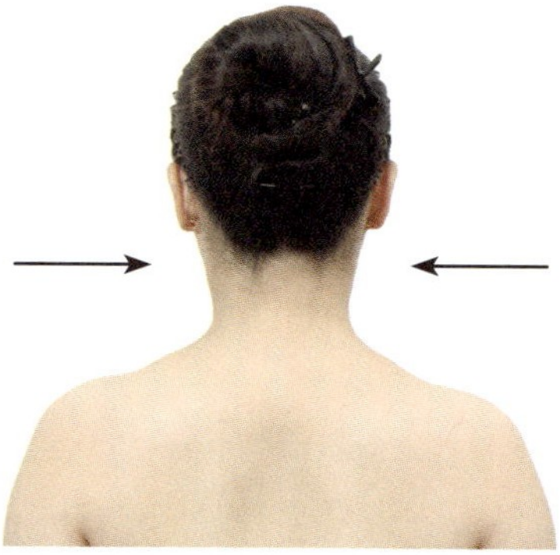

从背后看，如果看不到下颚角，就表示颈部囤积了太多的脂肪或淋巴液。

**张老师特别提醒 Tips**

只要肩膀高度降下来，颈部和面部多余的肥肉就会更容易代谢出去，穿上低肩的服装也会比较好看，毕竟厚厚的肩膀、粗粗的脖子不适合穿太显露身材的服装。

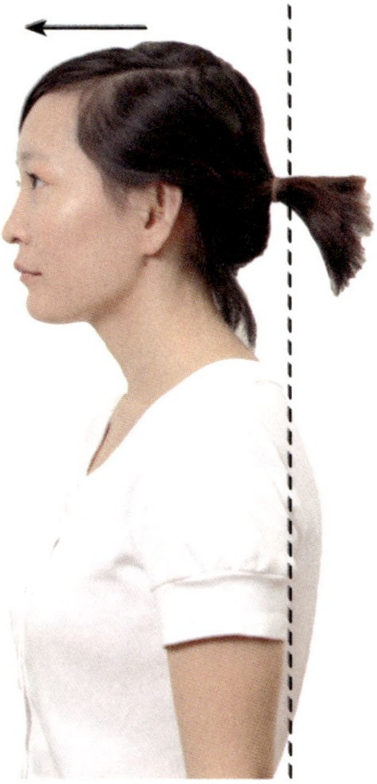

耳朵和肩关节应该是一直线垂直下来经过膝关节到达脚踝骨的。

张老师特别提醒 Tips

现在很多人会习惯把头往前伸，年纪轻轻的就显得老态了，这样肩颈部的肌肉都是僵硬的，很容易疲劳酸痛。

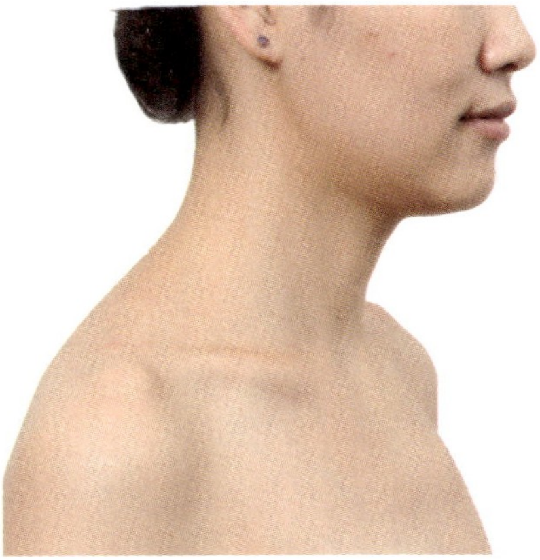

有锁骨窝当然是正常的，但是太瘦的人不只有锁骨窝，有些人连肋骨及胸骨都看得到了。

张老师特别提醒 Tips

肩关节连接到胸口有一块比较厚的肌肉（胸大肌），这块肌肉太薄了就会看到锁骨下缘凹陷，如果再经常保持驼背姿势的话，就会在靠近肩关节的地方凹陷，也就是“包肩”的体形。

这样的不良姿势会把肩膀撑开，背会变圆变厚。

张老师特别提醒 Tips

这是圆滚滚体形的人最喜欢做的姿势，你呢？

## 从膝盖看两脚及全身对称性

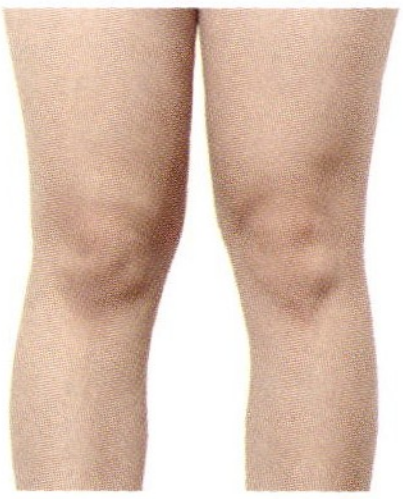

两脚与肩同宽站立，观察两脚膝盖的形状、粗细、色泽，以及角度是否对称。

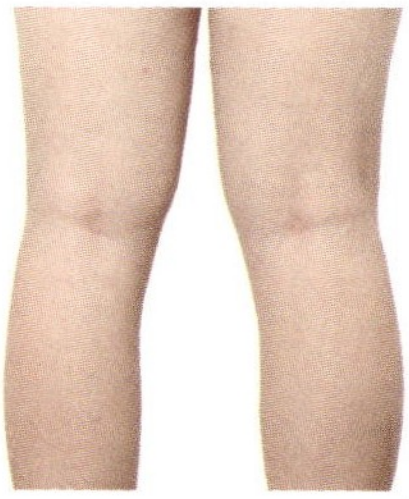

观察膝盖后面的腘窝形状、横线粗细、色泽，以及青筋是否对称。

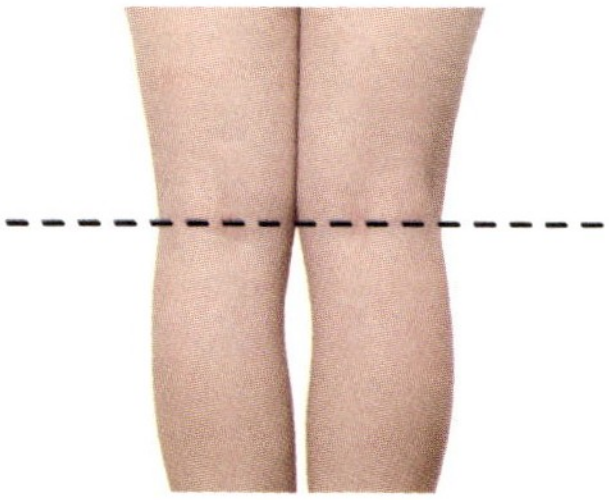

两脚并拢再看一下窝线是否对齐。

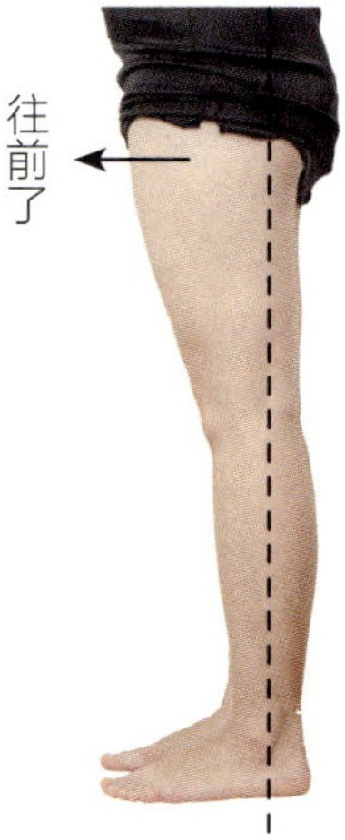


脚踝骨、膝关节、髋关节三个点必须是一条垂直线。

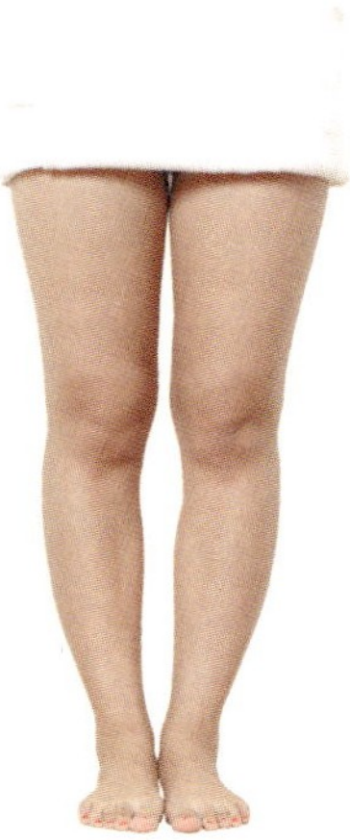

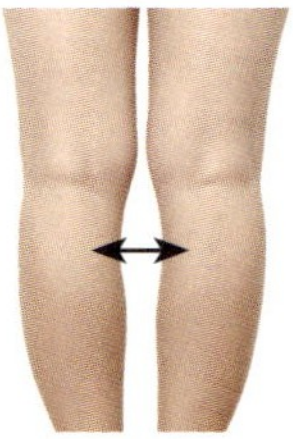

两脚无法并拢，这是因为骨盆宽，带动了左右脚距离加大，所以无法并拢，从后面看到小腿往外弯的弧度是较轻微的。

张老师特别提醒 Tips

像这种情况的人只要注意坐姿，多做书里教的抬腿动作就可以让骨盆缩进来，两脚当然也会容易并拢在一起。

## 小腿后弯

小腿往后弯的人非常多，你两脚并拢直立站好、目视正前方，请别人帮你拍照片，这样观察会比较准确。

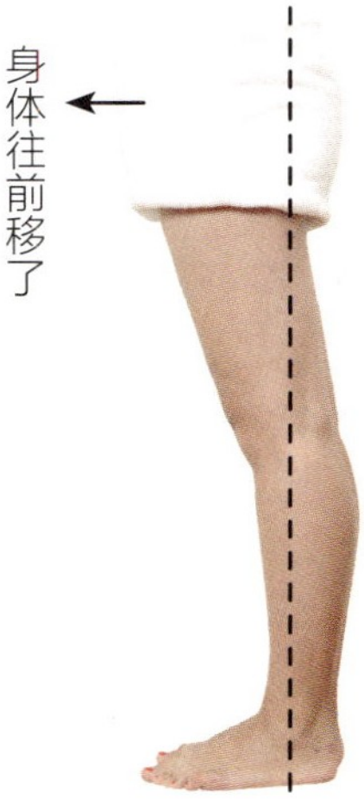


**张老师特别提醒 Tips**

穿高跟鞋、站立时肚子往前顶，这都是造成小腿后弯的主要因素。

少穿高跟鞋，站立时两脚一前一后分散身体重量，改掉用肚子顶住包包或是抱着的小孩的习惯，配合多爬楼梯来锻炼腿力就可以逐渐地改善。

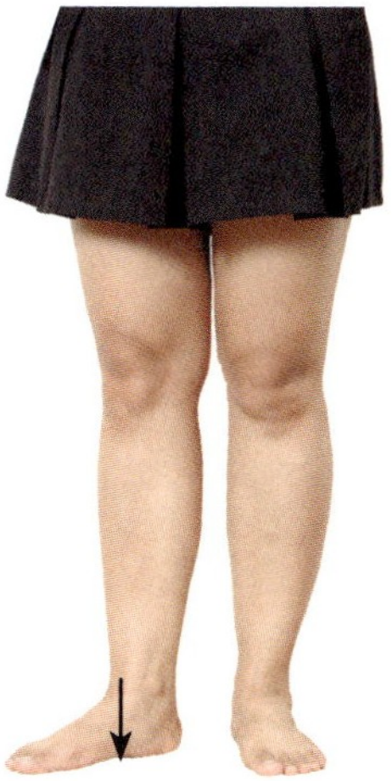

## 扁平足的人容易浮肿

腿粗的人看看自己站着的时候是不是整个脚底板都贴住地面了？

左脚还稍微有弧度，右脚就整个平贴地板了。

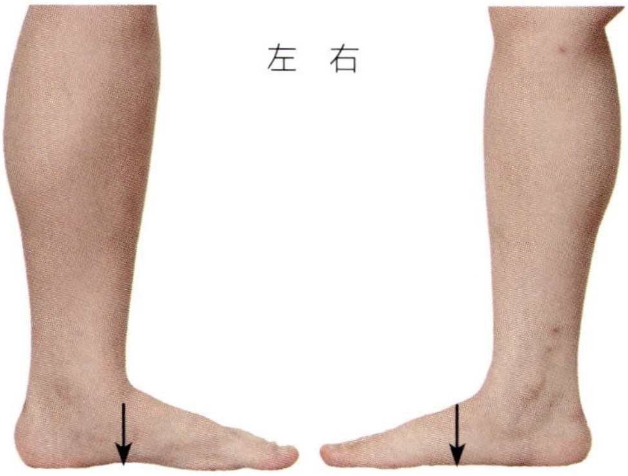


张老师特别提醒 Tips

平底鞋会造成足弓下沉、X形腿，已经有扁平足的人就不要再穿平底鞋了。

没有足弓的话，下半身甚至全身都容易浮肿。

## X形腿

站立时当大腿靠拢时两个脚掌会自然分开，大小腿不在一条直线上，这就是X形腿。

张老师特别提醒 Tips

日本女孩X形腿的比较多，因为她们的制服是短裙，为了不走光，会分开脚掌并靠拢膝盖，久而久之就变成X形腿了。

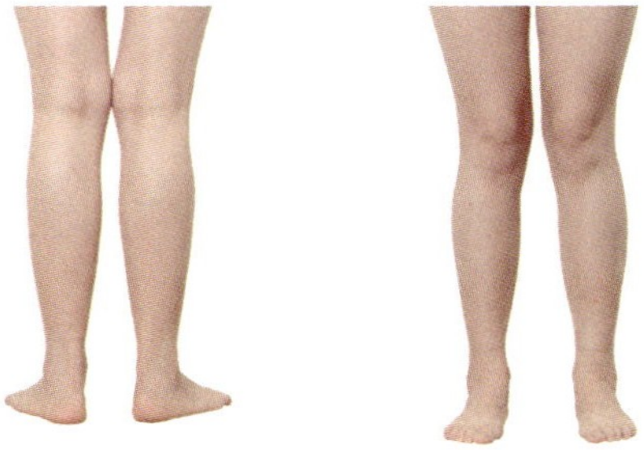

## O形腿

大部分人的腿是这种形状的，膝盖虽然有空隙，但这并不是O形腿，真正的O形腿非常少，这里不做说明。

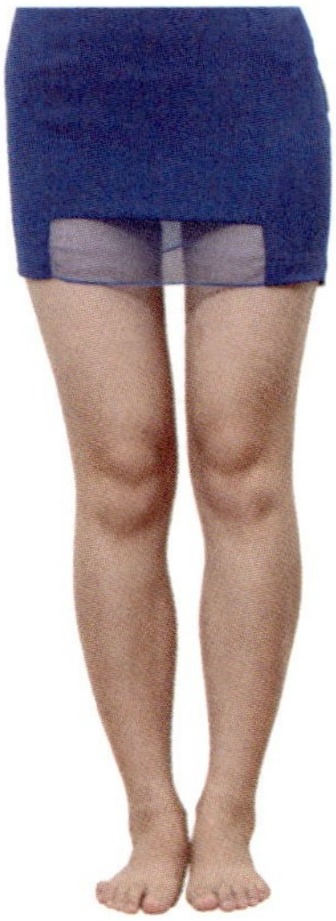

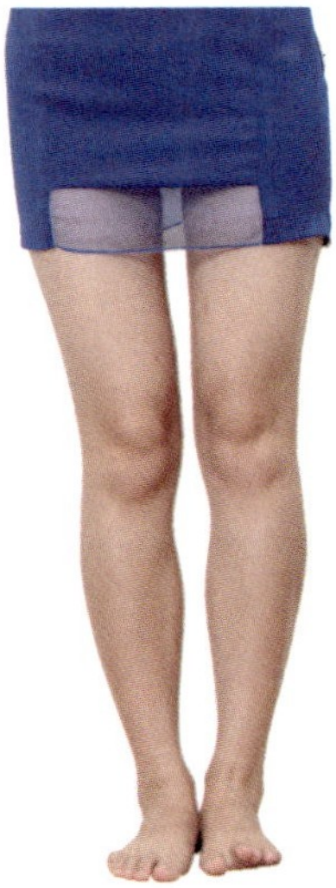

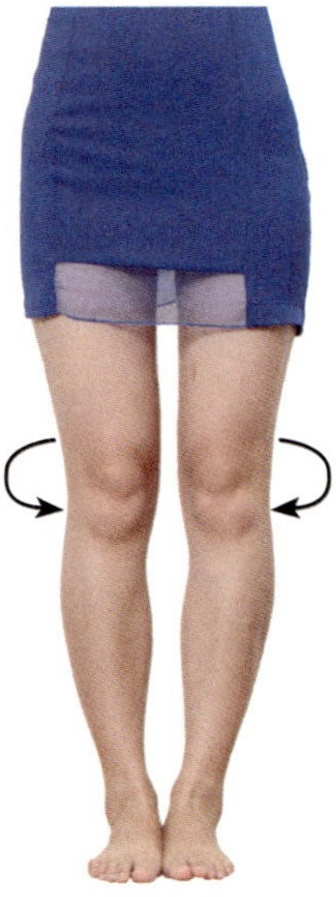

**张老师特别提醒 Tips**

照片中大腿、小腿及膝盖无法并拢，但是膝盖向内旋转，尤其右脚膝盖内旋比较明显，这个空隙是因为骨盆宽，连带着两条腿的间距跟着大，所以无法并拢。

## 小腹婆的腿通常不好看

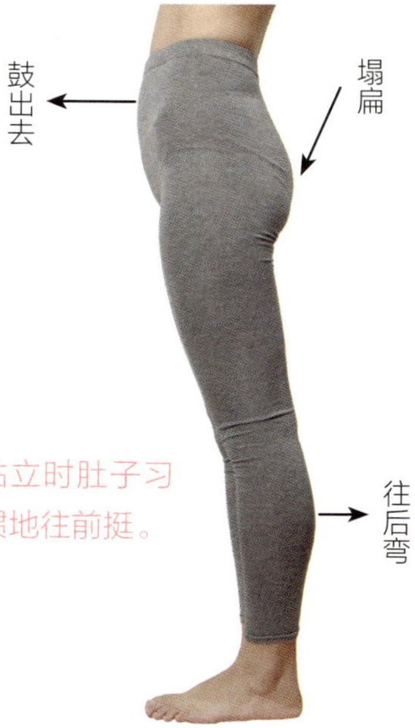


站立时肚子习惯地往前挺。

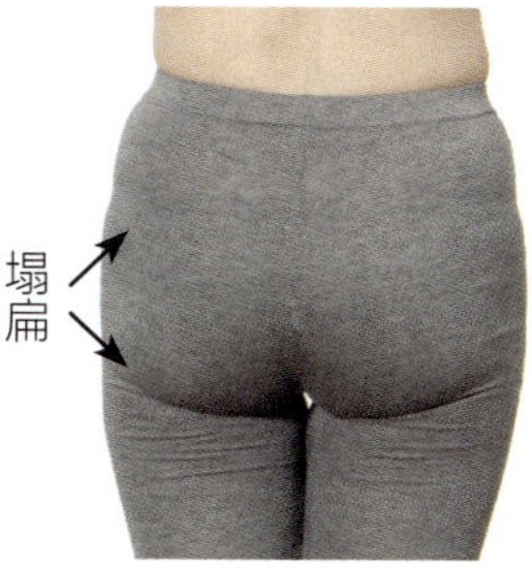


肚子往前挺的同时屁股当然是凹进去，变得扁塌。

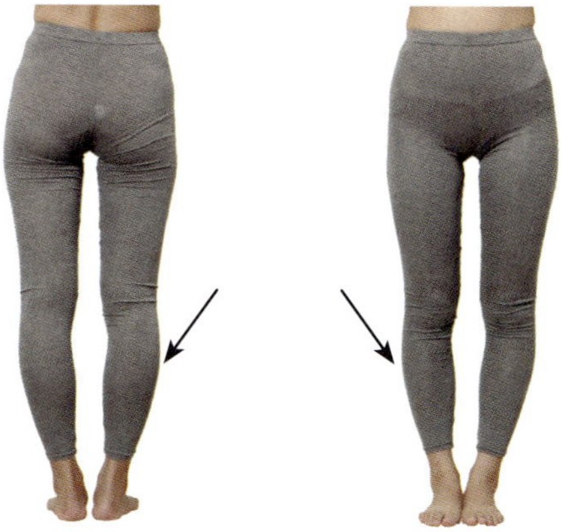

肚子往前挺的习惯导致腿跟着弯弯的。

**张老师特别提醒 Tips**

平常多留意观察别人的姿势、仪态和表情，就可以知道什么是不好的。上图这个姿势很容易见到，你觉得好看吗？赶快改过来吧。

## 大脚趾外翻

尖头的鞋子尤其是高跟鞋，最容易挤压脚趾头导致脚趾变形。

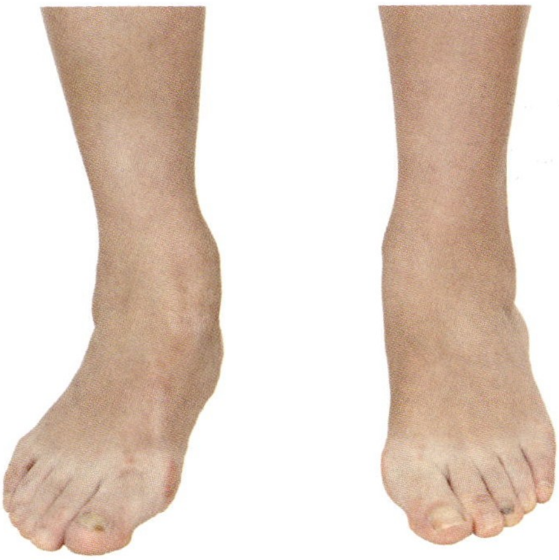

**张老师特别提醒 Tips**

高跟鞋造成脚踝变形，膝关节承受往后挤压的力量，小腿肚为了拉住身体而保持缩紧，小腿肌肉的收缩是为了压缩血管、淋巴管使血液、淋巴液回流心脏，高跟鞋让小腿肚肌肉保持缩紧而没有放松，因此无法向上输送液体，变形的膝关节和踝关节最容易阻碍经过的血液及淋巴液。

高跟鞋是身材容貌变形的一大杀手。名模和经常走秀的女明星都知道高跟鞋的危害，所以平常是不穿高跟鞋的，因为高跟鞋让骨盆、腰椎、膝盖、脚掌、脚趾头都变形了。华人的脚掌普遍都比较宽，穿高跟鞋没有几个好看的，鞋子虽然漂亮，但不等于穿在你身上就好看。穿上高跟鞋你会走路吗？有几个人穿上高跟鞋走路或站姿好看呢？许多女孩不分场合穿高跟鞋，连爬山和外出旅游都穿着高跟鞋。萝卜腿配上漂亮的高跟鞋好看吗？没有让你呈现出美感的话为什么要穿呢？

## 橘皮

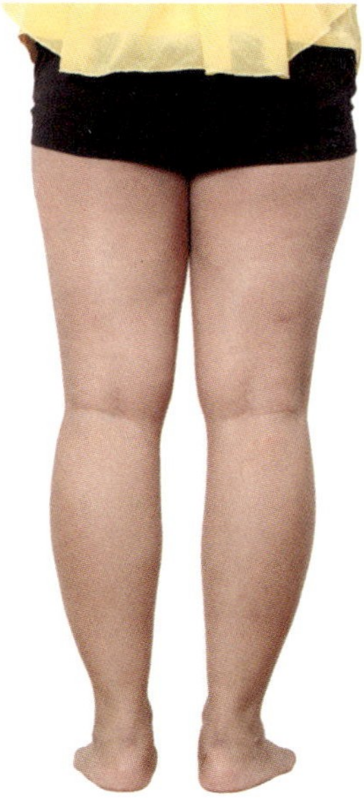

站立时大腿后面皮肤呈现凹凸不平的“橘子皮”形态。

**张老师特别提醒 Tips**

无论外表胖瘦，橘皮现象都是不好看的，这是因为脂肪团包覆着一层纤维，所以摸起来有点硬，大部分还容易淤青。

按照书里教的方法，你每天用手拍打皮肤到红热，一个月内皮肤能有明显改善。

# 04 脸形自我评估

## 自检脸形该观察的地方

如何通过自检发现自己的脸形变差了呢？建议从以下地方观察：脂肪量、是否浮肿、肌肉肥厚度、脸颊是否凹陷、太阳穴是否凹陷、眼窝是否凹陷、左右脸对称性，以及眉、眼、嘴角、鼻翼、鼻孔、鼻梁、人中、下颚角、眼袋、眼周细纹、颧骨等地方。

具体来说，脸部轮廓是由骨架、肌肉、脂肪堆叠起来的。骨架受肌肉牵拉而产生形状变化，甚至影响脸部淋巴流动，因此有了胖瘦圆扁的差异。脸形最重要的是轮廓清晰、皮肤色泽明亮、五官干净。譬如眼白不要黄、不要有红血丝，眼周没有皱纹及黑眼圈，鼻头没有粉刺，耳朵柔软没有耳洞，皮肤没有疤痕。

当面部线条下垂时，一般女性会直接在脸上涂涂抹抹，皮肤经过按摩及产品刺激的作用之后就会有拉紧的感觉，但是实际上并没有拉紧肌肉的效果。我们应该清楚：影响脸形最关键的是肌肉，通过改变肌肉力量的平衡来合理地美化轮廓，让循环顺畅，人不浮肿、气色好。

如果你的脸形比较胖，先分清楚是脂肪多、浮肿还是肌肉肥厚。成年女性的脸颊凹陷、苹果肌下垂了需要注射填充吗？相反，很多年轻女性却急着除掉苹果肌，因为有苹果肌笑的时候看起来脸圆圆的，像是胖胖的。当然不是脸上肉肉越少越好看，脸颊凹陷、太阳穴凹陷、眼窝凹陷，只会让你看起来更显苍老。

如果你的脸的中间塌陷，侧面看起来像月亮一样弯进去，或是下颚的齿列超出上面一排的牙齿的人脸颊消瘦只能找牙齿矫正医生了。牙齿矫正后脸颊会逐渐地饱满一些，看起来肯定会比较漂亮。脸上没肉的人，必须锻炼身体改善体质，长一些肌肉和脂肪让脸颊饱满。容易紧张和神经质的人脸上不容易长肉，运动可以让你拥有好气色、好心情，当然看起来也会更漂亮。

## 观察脸的中心线与身体中心线

从眉心、鼻头、人中、下巴、左右锁骨之间画一条线，可以看出来头部和身体是否有偏移。

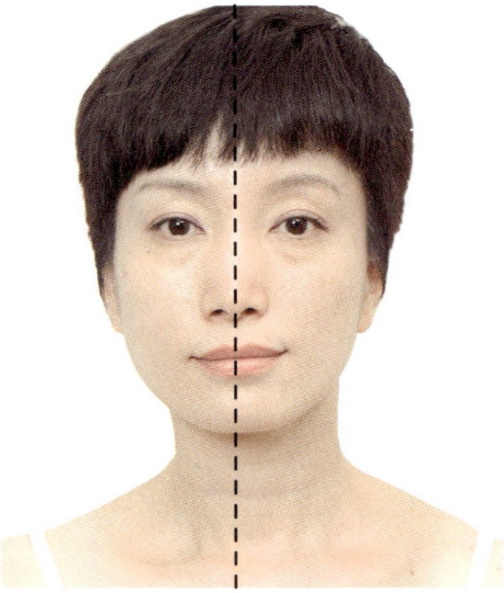

此图头面部整个偏向右边。

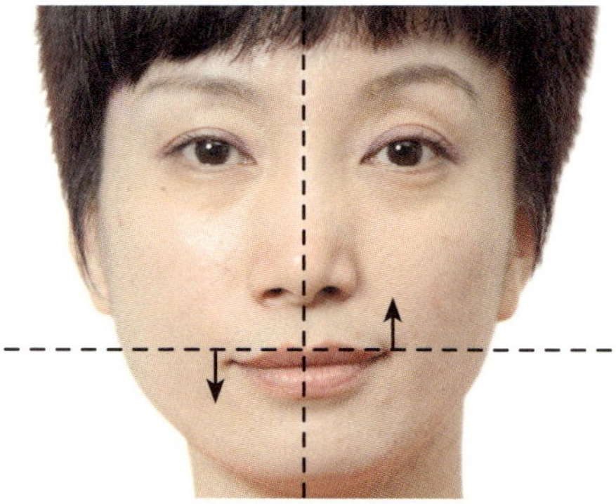

此图可以看出嘴巴是斜的。

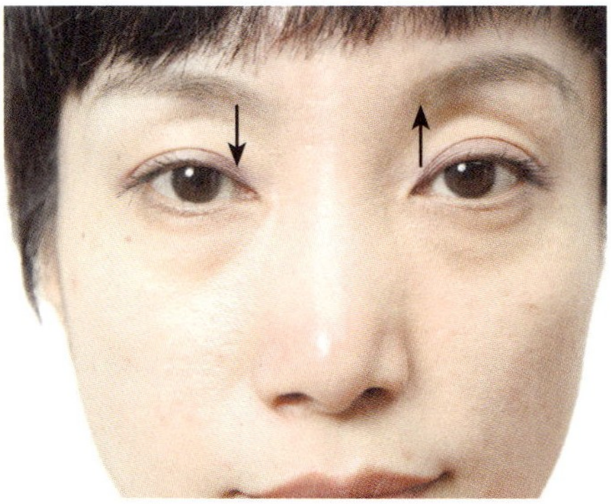

分别遮住一边脸来比较左右脸的大小，可以看出来右脸比较大、左脸比较小。

对照两边的眉毛的高低和弧线，以及眉头，可以看出此图中左边眉毛上扬，比较高。

## 观察颈纹与脖子粗细长短

每个小婴儿的手脚和脖子都会有好几条皱褶，这是很可爱的。通过左右手和左右脚皱褶的观察对比，可以判断肩关节和髋关节是否异常，大人则可以通过左右脸的法令纹、鱼尾纹、眼袋、颈纹及肚皮皱纹长度、深浅是否一样来做对比，如果左右两边不一样了，就要注意，也许身体或脸已经歪斜了。

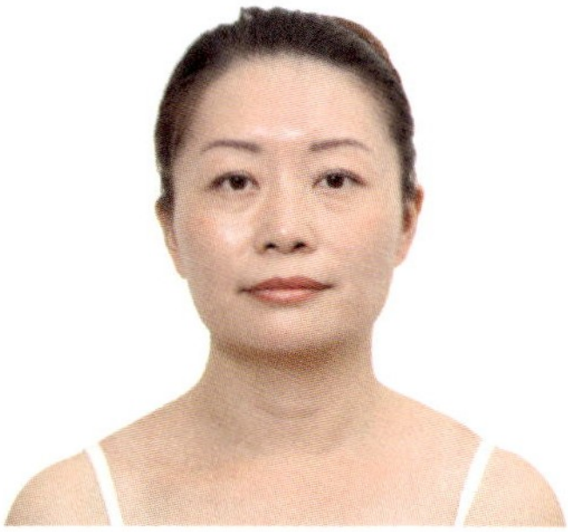

颈纹越深表示颈部脂肪越厚。

**张老师特别提醒 Tips**

想要让颈纹消除当然很难，但要让颈纹变浅，则可以通过按摩让脂肪层变薄，这样颈纹就会变浅了。

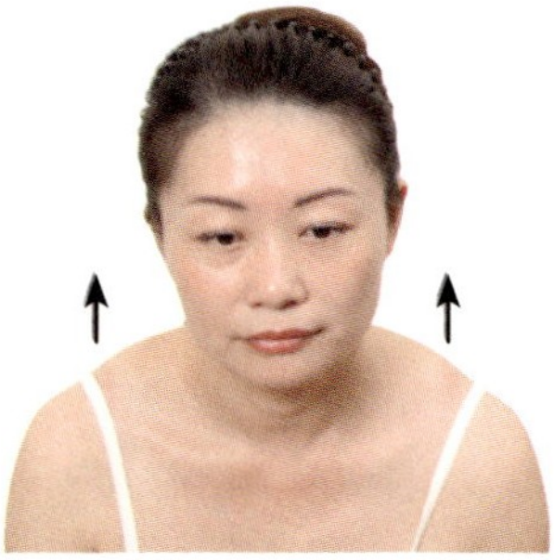

肩膀高起来容易挤压出更多颈纹，颈纹是姿势不良挤出来的。

**张老师特别提醒 Tips**

必须避免做出让肩膀高耸的动作和不良姿势，已经高起来的肩膀就要勤快地做书里教的伸展按摩动作来改善。

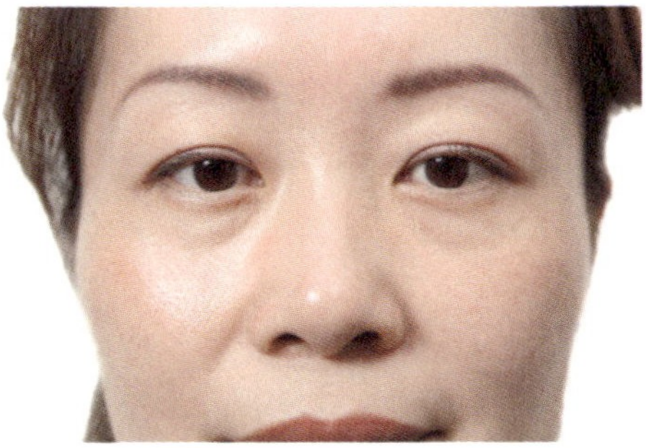

肩颈姿势不良的人除了产生颈纹之外，也会造成头面部循环不良、脸部暗沉及色素沉淀。

## 圆脸 双下巴

圆脸大部分是容易浮肿的，所以在28天生理周期，轮廓的变化会比较大，从侧面可以观察脸部的轮廓是否明显，尤其是下巴，手指去按压下巴、耳下及锁骨窝会有水水软软的感觉。

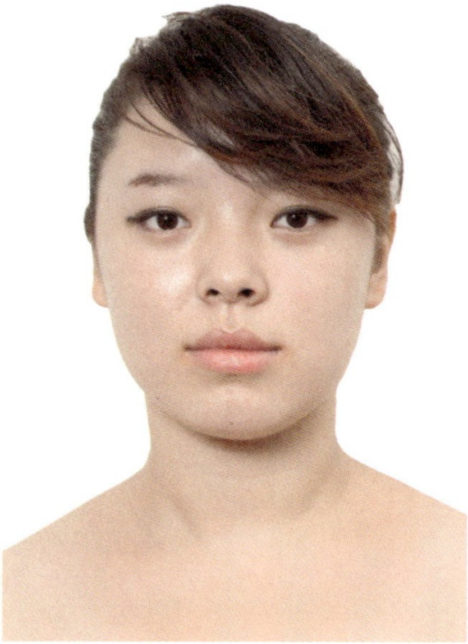

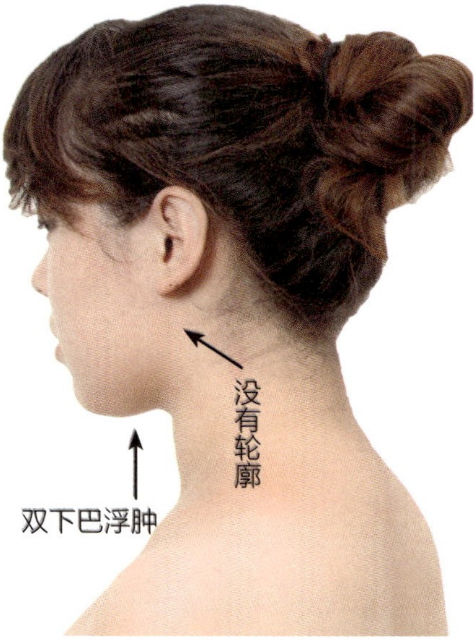

张老师特别提醒 Tips

脸大有好几种原因，头大的人当然脸也会比较大。按照书里教你的方法去做，3~5天就可以看到效果。

## 高低肩

左右眉眼不一样高的人通常肩膀也是高低边的。

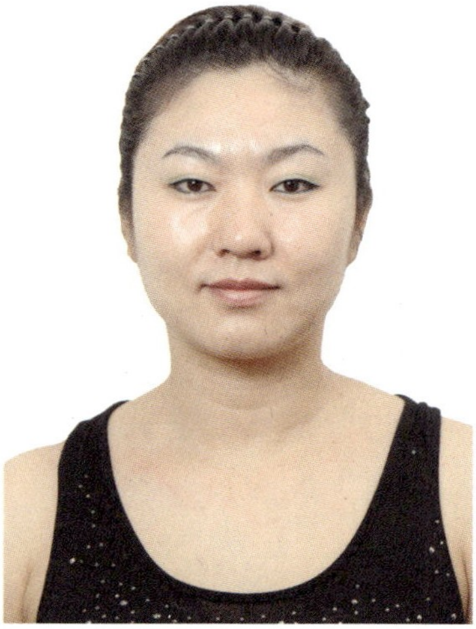

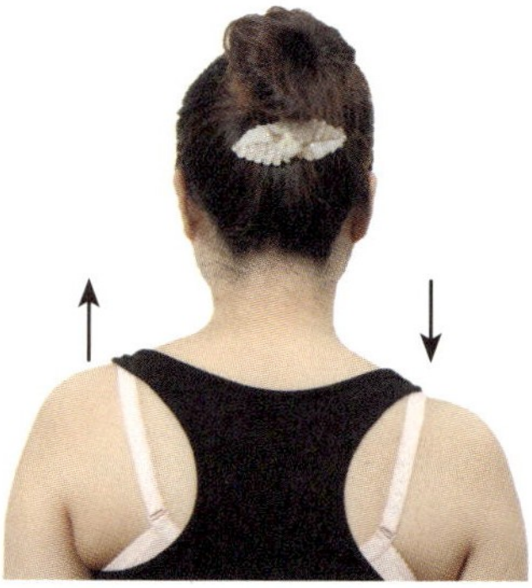

张老师特别提醒 Tips

单肩包、固定侧睡同一边、经常跷二郎腿、手撑着下巴等单侧使用的人都会让身体两侧包括面部形状变得高低、大小或粗细不一样。

## 腮帮子大

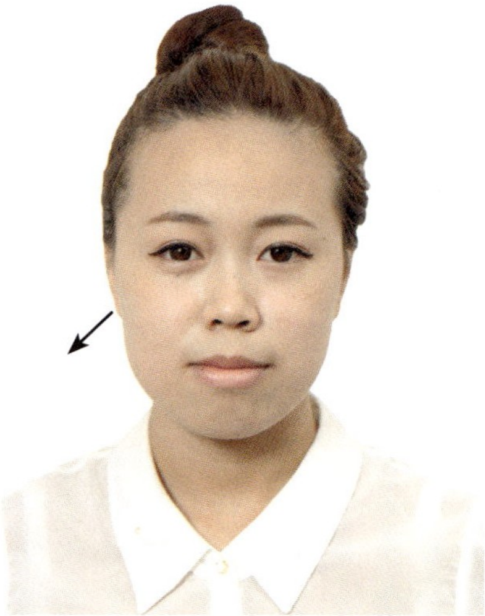

腮帮子鼓出来的那一侧都是比较常用的那边。

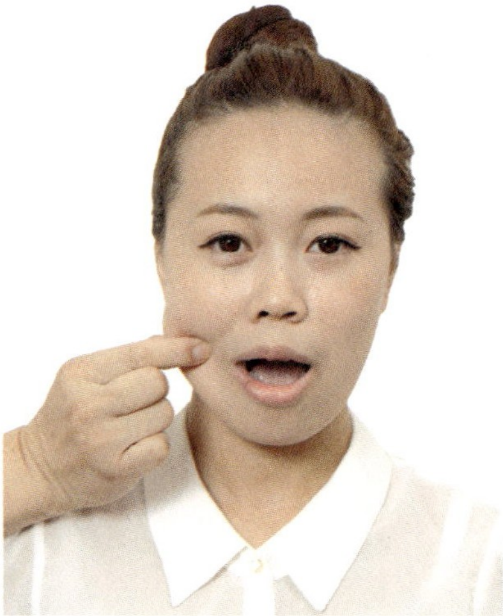

手捏得起来的就不是肌肉，是脂肪和组织液。

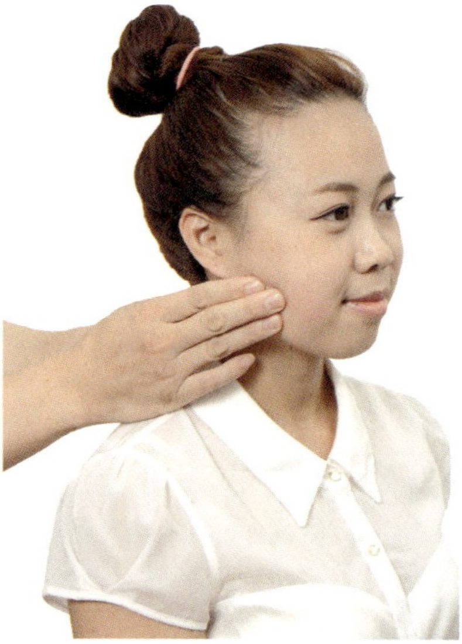

三指指腹轻压在腮帮子的位置，用力咬紧牙，可以判断咬肌的厚度，同时找出咬肌的范围有多大，再对比一下左右两边就可以知道哪边咬肌比较发达。

**张老师特别提醒 Tips**

想要脸形左右对称，就要改变单侧咀嚼的习惯，吃东西时要同时使用两侧咀嚼。

## 皱纹

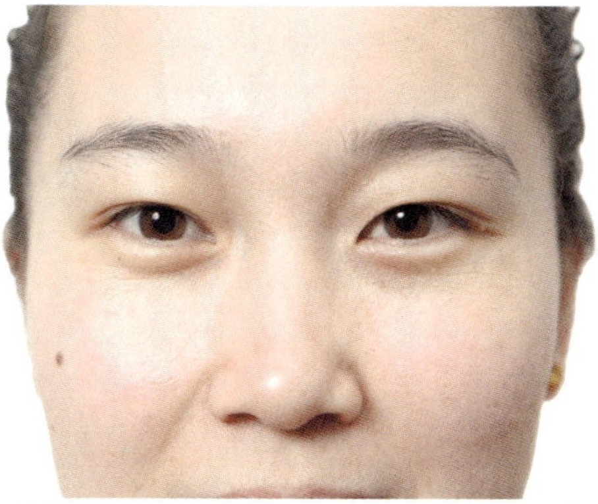

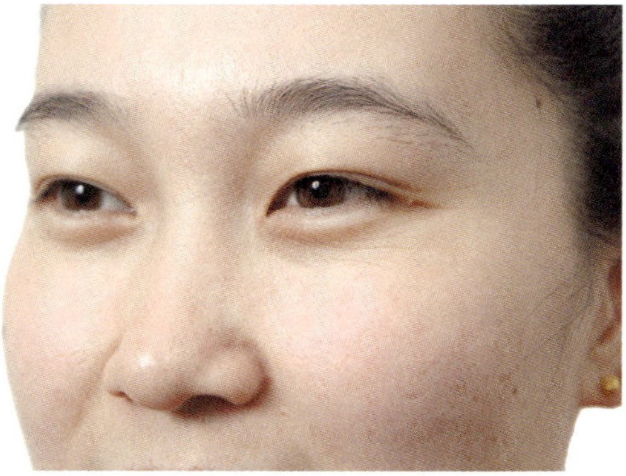

皱眉纹、鱼尾纹等眼周皱纹并不是单纯的皮肤干燥问题，通常是眼睛疲劳干痒时眨眼睛及揉眼造成的。书里介绍的肩颈部的伸展按摩和扩展眼眶的手法，因为可以缓解眼睛疲劳及促进循环，所以能很好地改善眼周的皱纹。

**张老师特别提醒 Tips**

法令和法令纹是不一样的。像孙燕姿、莫文蔚和范文芳都有法令（不是皱纹），所以显得苹果肌明显，这是年轻的象征。若是在法令位置有了皱纹的话，就称为法令纹。这个部位的皱纹除了注意表情之外，还可以通过软化颧骨区的脂肪，再加上皱纹线的挤压按摩及伸展手法，配合玫瑰和丝柏调配的精油来平复。

## 你的黑眼圈是哪一种

一指指腹压住下眼眶，眼睛往上看，观察下眼窝的血管分布及色泽。

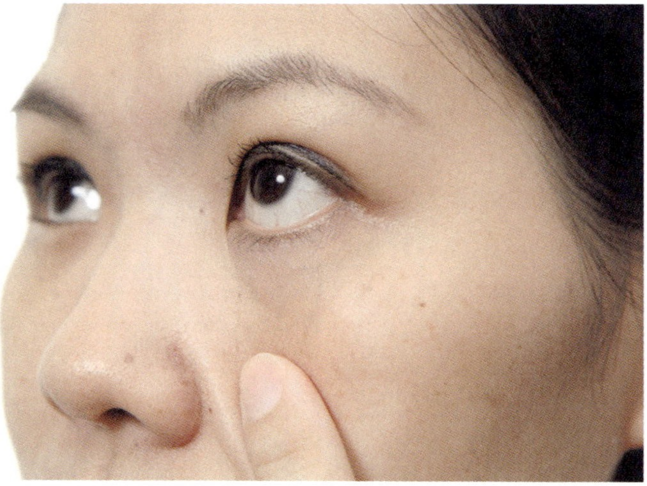

**张老师特别提醒 Tips**

除了黑色素发达的人之外，严重的黑眼圈通常是血管透出来的静脉血管颜色，这就是血管型黑眼圈。血管型黑眼圈会随着血液循环速度快慢而改变颜色深浅，疲劳时颜色都会比较深。

眼皮细纹太多加上干燥都会减少光线的折射，因此看起来颜色比较深。

眼窝比较深的人会在下眼眶产生阴影，所以专业的摄影师在帮你拍照片时会用白色板子由下往上反射一些光线到下眼眶，这样拍出来的照片下眼眶就不会有阴影。

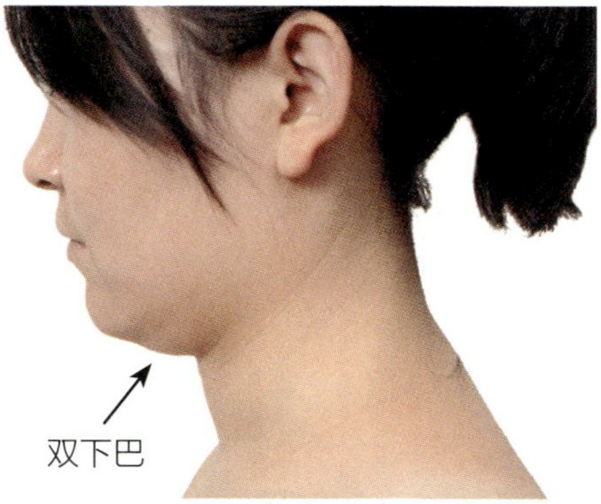


## 低头族的双下巴和颈纹

双下巴、颈纹延伸超过耳朵的垂直线。

**张老师特别提醒 Tips**

双下巴和颈纹通常是一起出现的，颈纹一般都是出现在脖子正面，但如果颈纹往后延伸超过耳朵的垂直线甚至到后颈部的话，就是有颈椎病了。

低头看手机是现代人经常会有的不良姿势之一，除了挤出双下巴和颈纹之外，也会让颈椎的脊柱正常前弯曲线消失，甚至相反地往后凸了，这样颈椎病当然是跑不掉了。

## 头大脸当然跟着也大

脸的大小和头的宽度是相对的。

**张老师特别提醒 Tips**

不用羡慕别人的头小脸小，虽然除了手术之外很难有其他方法可以明显地改变，但可以通过加强肩颈部及轮廓的伸展按摩雕塑来让轮廓立体、气色好，这样才能真正漂亮。

## 眼珠子突出

眼睛不断地传送信息到大脑会消耗很多能量，长期近看会让眼球越来越胀。从侧面及45度角可以观察眼珠子突出的程度及泛泪光的情况。

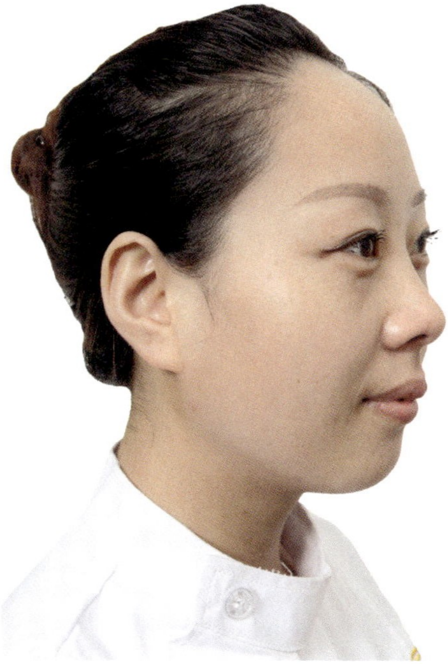

**张老师特别提醒 Tips**

除了从小眼珠子就已经比较突出外，过度使用眼睛或戴隐形眼镜造成的眼珠子突出的，都可以通过肩颈部伸展按摩和眼眶扩展手法来改善。

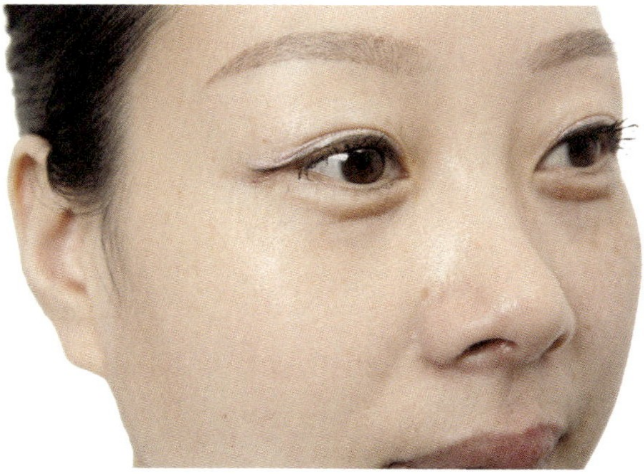

眼珠子比较突出产生的挤压作用容易产生下眼角皱纹。

# 附录

# 01 完美塑身法

日常生活的不良姿势，是体形的一大杀手。千万不要忽略这些小地方，否则会让好不容易矫正回正确的骨骼再度变形，让之前的努力功亏一篑。现在快按照书中教导的正确动作，step by step!

## 椅子上的不良坐姿

1. 跷脚

跷脚坐姿会造成骨盆倾斜，两腿交叠时更会压迫血液和淋巴液循环，而且臀部肌肉因为不正常的拉长时间过久，而出现松弛下垂现象。再加上跷脚坐会使大腿外侧连接臀部的骨头突出易位，脂肪易堆积于此，而让臀部变得日益宽大。

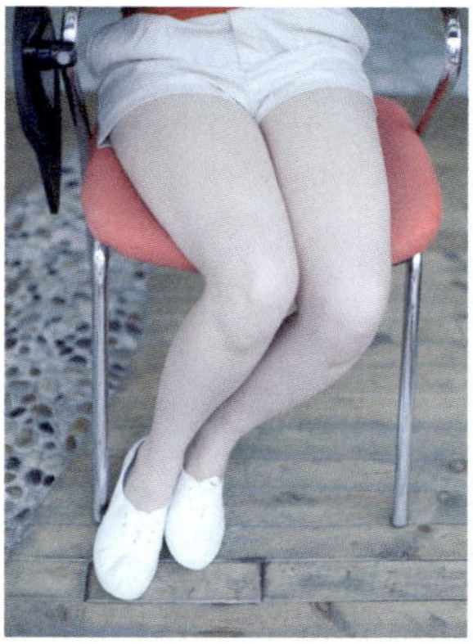

2. 侧摆腿斜坐

这个坐姿会使骨盆倾斜、腰椎侧弯，日积月累会造成腰椎关节与肌肉的损伤，而且扭曲的骨盆会影响骨盆腔的循环，而影响下半身的循环系统。

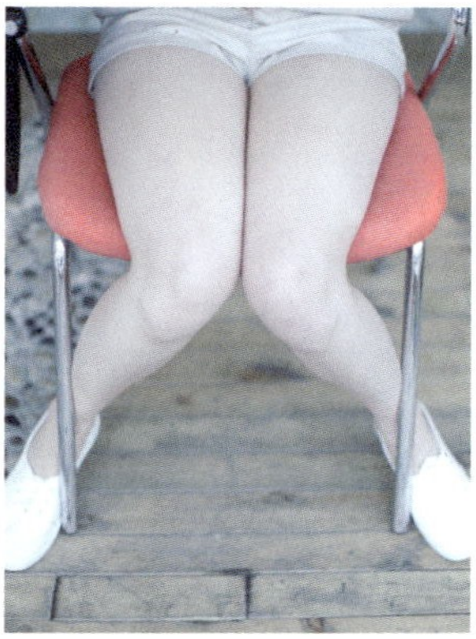

3. X形坐姿

这种坐姿让膝盖压力增大，会使膝盖看起来比较突出，而且这种坐姿也是形成X形腿的原因之一。

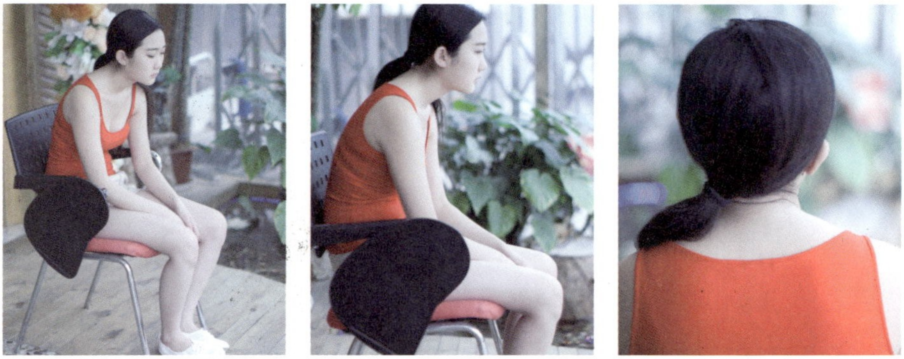

4. 驼背坐姿

身体长度受到挤压往横向扩张，造成肩膀变宽、胃围突出、臀部下垂，并容易在腰围附近挤出一圈“游泳圈”。

5. 脚刀着地坐姿

此种坐姿给踝关节的压力最大，并在关节扭曲的挤压下，使脚踝变得越来越粗，而且血液循环也易受到阻碍。

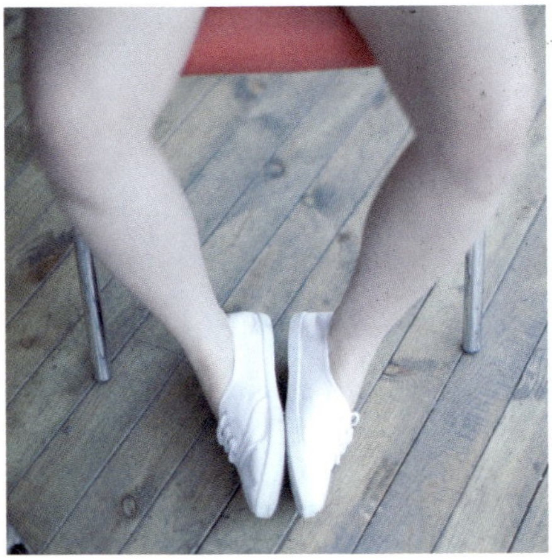

## 地板上的不良坐姿

1. W形跪坐

膝盖承受扭转的力量较大，造成膝盖变粗，因而形成X形腿，同时因为挤压的关系，下半身的血液循环比较不顺畅，如果长期保持这种坐姿，腿部会变得容易浮肿。

2. O形跪坐

脚踝的受力呈现扭转状态，除了脚踝变粗之外，脚掌也会变得比较宽。

3. 侧摆腿跪姿

骨盆处呈扭转状，脊椎也会跟着侧弯，这种不良坐姿较为常见。

4. 盘腿坐姿

这是最常有的地板坐姿，如果采用这种坐姿，骨盆上方容易往外扩张，而且如果坐的时间过久，腿部循环会受到较大的影响。

## 椅子、地板上正确的坐姿

1. 将椅子坐满，臀部后坐到底，身体自然就会挺正、坐直。

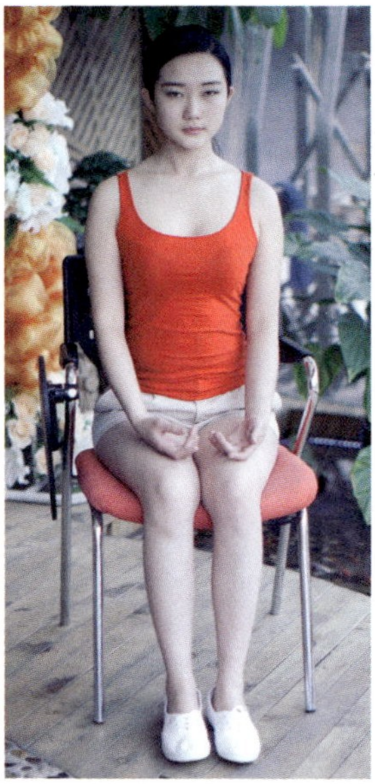

2. 如果是没有靠背的椅子，只要将身体上提，身体自然就会坐正了。记得腰椎不要用力，以免因为紧绷而造成身体酸痛。

3. 如果是坐在地板上，可以将双腿打直、身体挺正，如能将背部靠着墙壁就更好了。

## 不良的站姿

1. 重心在单侧的站姿

这种姿势的站姿，让骨盆承受倾斜的重力，容易往外扩张，脚部则承受身体所有重量，膝盖因此容易弯曲变形。

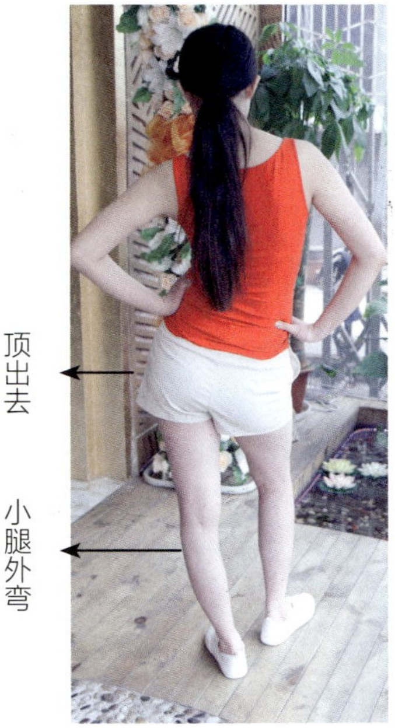

2. 两脚交叉的站姿

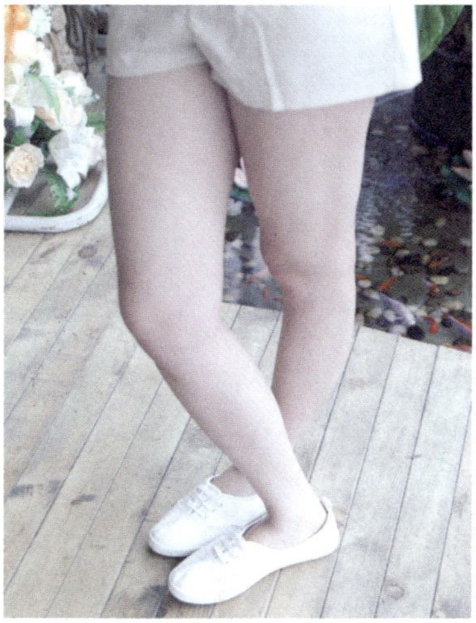

这个姿势如果持续不太久，不会有太大的影响，但是如果时间太久，而且将重心放在一侧时，骨盆就会倾斜，双脚也会弯曲变形，变得不直挺。

3. 脚往后弯的站姿

站立时如果膝盖绷得太紧，小腿便会往后弯曲，连带地使小腿肌肉呈现紧张状态而往两侧扩张，小腿肚便显得粗壮。

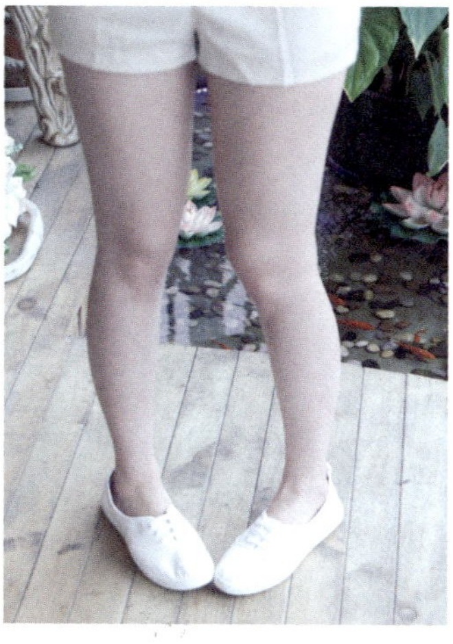

4. 内八站姿

这个站姿最容易形成X形腿，所以你一定要避免，而且避免将重心摆在任何一侧。

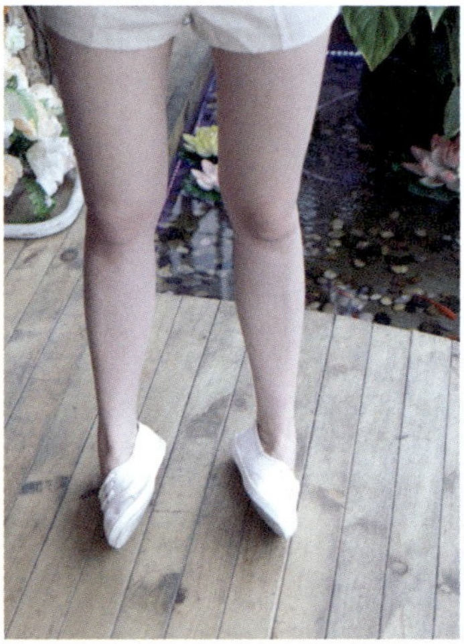

5. 脚刀站姿

由于踝关节扭曲，所以脚踝会变粗，加上小腿往外扭转，如果一直保持此站姿，会很容易形成O形腿。

## 正确的站姿

1. 双腿并拢或张开，但是不能超过肩膀宽度，膝盖稍微放松不要紧绷着。

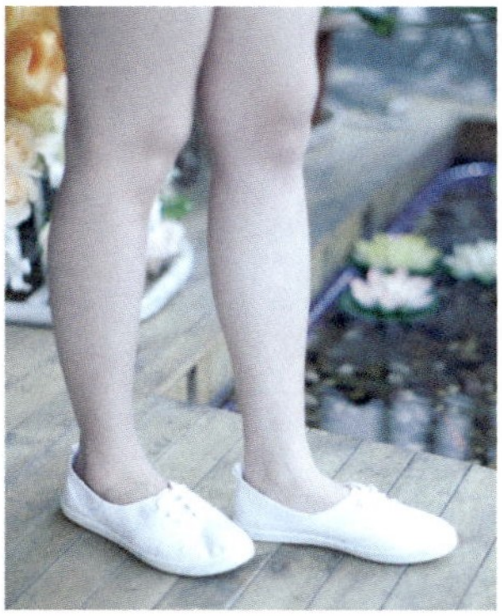

2. 一脚前一脚后，轮流地将重心放在前脚和后脚上，这样可以有效地减轻脚部疲劳。

3. 洗脸时，可将一脚踩在矮凳上，这样可保护腰椎，脚部负担也会比较轻松。

## 不良的睡姿

1. 趴睡

很多人以为保持趴睡姿势，脸部就会比较小巧，但是趴睡就不怕把脸给压歪了吗？趴睡时，我们常常将脸的一侧压在底下，为求呼吸又将头部扭转向一边，两种受力状态不平均的情况下，脸部便会产生歪曲，而且骨盆也会因为趴睡而扩张变形。

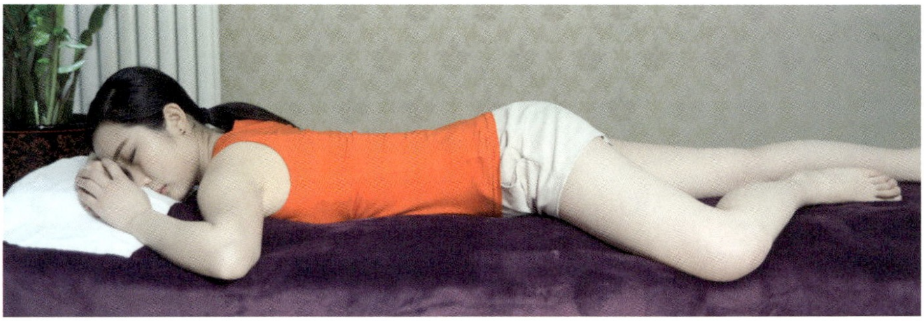

2. 侧睡

侧睡时，在底下的肩膀和手臂，因为受到挤压而使血液循环受阻，再加上骨盆也呈扭转的状态，所以侧睡是相当不健康的睡眠姿势。如果一定要侧睡才能够入眠的话，最好能够抱一个抱枕入睡（抱枕长宽度以手能环抱，而且双腿能夹住为宜）。

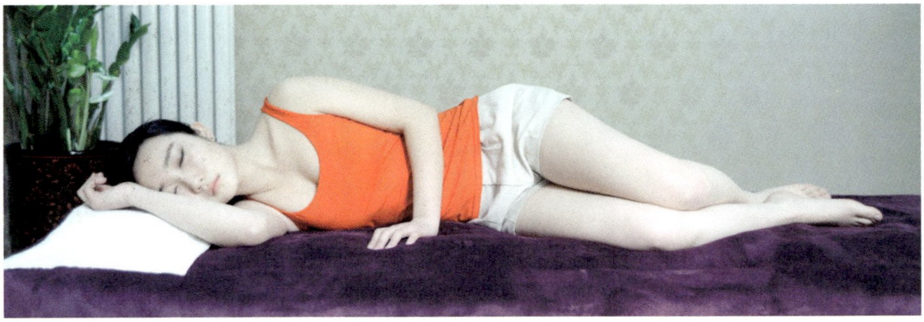

*选择寝具时，最好不要选择太软的床，这种床容易造成腰酸背痛，影响睡眠品质。

## 正确的睡姿

1. 平躺

双腿不要交叠，膝盖下可以垫一条小浴巾或小枕头，但是枕头不要选择太高的样式，或是头部不放枕头也可以。

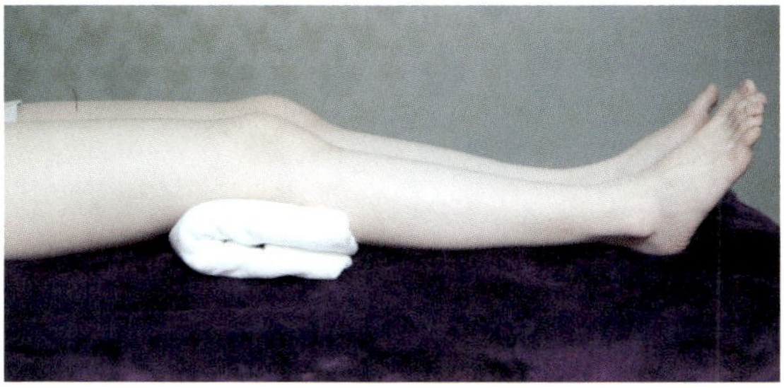

2. 侧睡

如果不侧睡就无法入眠的话，可以利用长形抱枕辅助入眠，以免上方的腿部压力，直接施压在下方的腿部上，而且骨盆的扭转压力也会减轻。

*选择寝具时，最好选择弹性较硬或符合人体工学的床垫。另外，透气性也要好一点，这样才能拥有较好的睡眠品质。

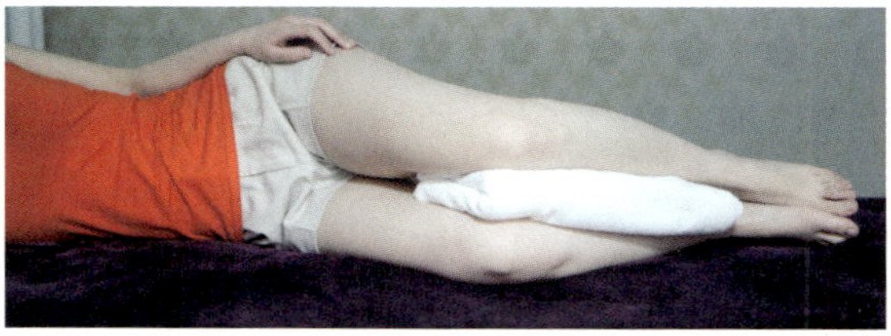

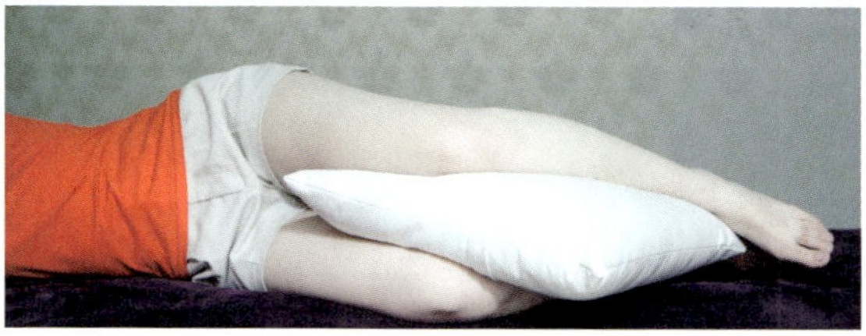

## 不良的行走姿势

1. 穿高跟鞋行走

身体为了平衡前倾的力量，腿部部分肌肉会紧绷，如小腿肚缩成一坨肉团状的萝卜腿。另外，膝盖上下也会囤积赘肉。在穿着高跟鞋的情况下，脚踝关节容易易位和影响血液循环，脚踝因此变得粗大，而脚掌和脚趾的变形更是不可避免的。如果是因为工作需要而必须穿着高跟鞋，那最好带一双平底舒适的便鞋，在上下班的通勤时间中换穿。

2. 脚板拖地行走

走路是一个活动关节和肌肉的好机会，但是脚板拖地的走路方式，却会失去活动筋骨的机会，而且容易形成粗粗肥肥的小腿肚。

3. 单侧背物行走

常常背着东西的那一侧肩膀，会不自觉地耸高，骨盆也会为了平衡单侧的重量而倾斜，所以如果常使用同一边肩膀来承受重量时，脊椎也会跟着骨盆倾斜而侧弯。

## 正确的行走姿势

1. 鞋底软式或是气垫鞋，较能吸收脚踩至地面的振动力量，对膝盖而言也有比较好的保护作用。

2. 走路的时候脚底不要拖地，将步伐跨大较能活动脚部肌肉。

3. 婴儿啼哭时，身为母亲经常会抱着小孩、哄一哄，这个时候最好是使用背带将孩子包起，这样的话就不需要将肚子挺出来，分摊支撑小孩的重量了。

4. 有机会的话，尽量打赤脚，让双脚透透气吧！

5. 背着背包或手提重物时，最好能两边轮流着将背包斜背，如果选择双肩的背包会更好。

## 其他的不良姿势

1. 跷脚喂奶

许多妈妈在喂食婴儿时，都会呈跷脚坐姿，让小孩有一个可以支撑的地方，而且常呈驼背坐姿。而跷脚坐姿原本就容易使骨盆、脊椎变形，再加上小孩子本身的重量，会让倾斜状况更加严重。再加上产后妇女的肌力较弱，所以容易因为错误姿势而让骨架更加变形、倾斜。

2. 弯身取物

搬运任何有重量的物品时，如果直接弯腰下去拿起，腰椎关节和肌肉很容易因此而受伤。如果是女性，尤其是产后妇女，更容易造成骨盆和背部往外扩张。

弯腰拾物会损伤腰椎

## 其他的正确姿势

1. 想要抱小孩时，最好先蹲下，将小孩抱稳后再站立起来，这样的话腰椎便不容易受伤，也不会撑开肩膀和骨盆骨架。

2. 一般的沙发较深，较难靠到背脊，此时就尽量坐到沙发底，如果还是靠不到背脊，就在背后多加一个大靠垫，让坐姿端正。

3. 搬东西时，无论物品的重量多轻，动作要领也要像抱小孩一样，先蹲下再站起。

4. 喂小孩吃奶时，要在手腕下垫一个大抱枕或“懒骨头”，让手臂有依靠。

# 02 矫正姿势Q&A

在矫正身姿的过程中，大家不免会遇到各种问题，这些困扰你许久的疑难杂症、想更完美的各项要求，张老师通通都想到了。只要了解缘由，不但可以利用书中的方法、动作变得更加窈窕，还可以从根本上改善你的问题。

## 1.我身体不胖，但是脸蛋却圆嘟嘟的，怎么办？

许多人都会有这种问题，其实可以利用书里介绍的DIY方式来进行改善，利用按摩让脸部轮廓显得更加柔和，这样就有缩小的视觉作用。但如果做了还是没有效果或情况真的很严重，这可能是因为颈椎、面部骨骼易位影响到脸部代谢，所以才会拥有一张胖胖脸，遇到这种情况应该向专家求助，做根本性地改善。

## 2.眉毛高低不一可以调整成正常状态吗？

可以。如果你的眉毛有高低之分，就代表你的颜面骨处于倾斜不均衡的状态，而且通常眉毛高低不一者其骨盆、肩胛骨也会倾斜，只要站在镜子前面，就可以轻易发现自己骨骼走位的情况。

所以通过姿势调整，整体调整颜面骨、骨盆、肩胛骨，就能改善这个问题。

## 3.常嚼口香糖会变成国字脸吗?

会。咀嚼口香糖和一般进食时的情况不同，我们在饮食时，咀嚼的方向是往内，但嚼食口香糖时却是左右移动，而左右摆动则容易造成下颚骨的扩张，而且过度地咀嚼还会造成咀嚼肌比较发达，这两者都会让脸部外扩变形，所以咀嚼口香糖的时间不可过久。

## 4.喜欢吃硬的食物会形成国字脸吗?

嚼食硬食物时，注意进食速度不要太快，否则很容易形成国字脸。但是也不能只吃软食，因为这会造成下颚骨、牙齿的功能衰退。所以，在进食时，要特别注意牙齿的承受力，过度地咀嚼或太少使用都对牙齿不好，适度地调配软硬食物是最佳方式。进食时的最高准则是不要太快，因为过快会让咀嚼肌紧张，紧张的肌肉就会将下颚骨往外拉，容易形成国字脸。

## 5.睡觉的姿势会影响脸形吗?

会。许多人都认为侧睡不易形成宽脸问题，其实这是一个错误观念。据我个人观察，侧睡更容易造成脸部的歪斜、脸部宽幅的扩张，这就成了所谓的大饼脸。而侧睡时，会一直压迫身体一侧的血液循环，造成身体两侧供氧率不同，因此肌肉发展也不平均，就会造成脸部的歪斜，所以建议最好采用仰睡的姿势。

## 6.咬合不正会影响脸形吗?

会。咬合不正当然会对脸形造成影响，而且脸形也会影响咬合的功能，两者息息相关、相互影响。咬合不正的人，都利用单边咀嚼，因此两边肌肉的运动量不同，会造成骨骼与肌肉的分布不平均，所以自然而然地骨骼就歪曲了。

## 7.丁字裤会让臀部下垂吗?

其实臀部下垂的主因，是肌肉弹性不足与脂肪堆积过多，受地心引力的影响形成下垂，与丁字裤并无多大的关系。相信大家一定有疑虑，丁字裤并无任何支撑功能，为什么臀部不会下垂呢？事实上，许多臀部下垂的人，反而都是因为内裤的松紧带过紧而造成不当挤压，或血液循环不良而下垂，相反的，穿着丁字裤反而没有这样的问题。

## 8.调整内衣对身体真的有帮助吗?

调整型内衣的功用是体形、姿势的矫正，但是也有人穿了调整型内衣后依然跟从前一样，此是因为调整型内衣拥有“固定”的功能，如果穿了调整型内衣却又姿势错误的话，反而很容易将错误的姿势固定住，骨骼歪斜的情况会更加严重。所以穿着这种内衣时，一定要保持正确的姿势。

## 9.走路的姿势会影响体形吗?

会。走路的姿势确实会对体形造成影响，但是一般人走路都无法一直保持正确的姿势。我们在行走时常常会单肩侧背包，或是单手提重物，在两侧受力不平均的状态下，身体自然会歪斜，影响体形，所以在提重物时最好两侧轮流替换。

## 10.肥胖和骨架有关系吗？

有。而且肥胖和骨架息息相关，因为骨架较大的人，其脂肪赘肉堆积的空间也大，较易附着多余脂肪。举例来说，胸腔比较宽厚的人，其内脏通常也会有比较肥厚的脂肪附着，一旦胸腔空间加大，脂肪便易囤积在这些空隙中，如果脂肪过多，则会将胸腔的骨骼撑开，造成虎背熊腰的体形。如果腹部脂肪堆积过多，则会形成较大的腹压，造成骨盆腔的外扩，形成所谓的大腹婆。所以，肥胖和骨架两者关系相当密切。

## 11.要如何才能让食量变小呢？

想让食量变小，首先必须调整饮食，三餐中应以早餐最为丰盛，午餐次之，晚餐则最清淡及少量，而且早餐尽量在八点半之前、晚餐在晚七点前进食完毕。一般来说，食量较大的人，胃围也会较大，此时可以利用一些运动来加强腹直肌肌力，加强胃围收缩力，让胃围缩小及胃肠吸收力减小。此时也可以使用腰夹或连身式腰夹来限制食量，在进食时会让肠胃较容易有饱足感，效果也相当不错。

## 12.每次减肥都减到不该减的地方，想瘦的地方却瘦不下来，为什么？

用减肥产品、节食和药物减肥都容易造成水分快速代谢，包括使用利尿剂或因腹泻造成的脱水，使体重明显减轻，甚至连肚子也变小了。你在高兴之余却很容易发现，虽然自己体重变轻了，但气色不好，显得憔悴，这是因为你的眼窝甚至脸颊也凹陷了。由于乳房也是以脂肪组织为主，人瘦下来这里当然也容易瘦下来，但是再度胖起来之后胸口却没有跟着挺起，会变得松软。

下半身是减肥过程中最难瘦下来的，尤其是小腿，这是因为小腿距离心脏远，站和坐时受地心引力影响，血液回流阻力较大，一整天工作下来你的腿会很胀。小腿肚肌肉在高跟鞋的不良影响之下紧缩并扩张变粗，这必须按照书里的方法纠正姿势及改变不良习惯才会不继续变粗，再加上用棍子刮腿就可以很快地让小腿肚变小了。

## 13.便秘会造成肥胖吗?

对。便秘和肥胖两者互为因果，因为食物在肠道停留的时间越长，营养吸收也越好，所以很容易变胖。再加上肥胖者不喜欢运动，进而影响肠道的蠕动，自然容易便秘。因此如果你有肥胖和便秘问题时，一定要多吃些纤维质食物、多喝水，再加上一些基本的活动，比如走路，便能解决这些问题。所以，要减肥前一定要先解决便秘问题。

## 14.多喝水是不是很容易水肿、变胖?

不会。一般的水是不会让你变胖的，除非你喝的是饮料。一般而言，略胖的人都不喜欢喝水，甚至排斥饮用没有味道的水，大多选择饮料，其实这就是致胖的原因之一。喝水不只可以帮助身体代谢、血液循环，还能帮助身体散热。在减肥的过程中，因为脂肪的减少，皮肤此时容易变得松垮、无光泽，如果这时补充水分，便能改善这种状况。所以，肥胖是脂肪囤积问题，而非取决于水分摄取的多寡。

## 15.我吃的并不多，为什么却瘦不下来?

想解决吃得不多却瘦不下来的问题，必须先思考以下一些问题：吃得不多是在哪一餐？食物又有哪些？三餐是否在正常时间内用餐？如果进食食量最少的是早餐、食物老是以高热量的食物为主，或是进食时间都不正常，常常将晚餐、消夜一起吃，这样一定不会瘦下来。所以，想要瘦身就要先改变饮食结构，而不是一味地减少食量。

# 后记 Postscript

“生命不息，减肥不止”成为现在众多爱美女性的座右铭，运动减肥、针灸减肥、吃减肥药……大家用尽各种方法，反反复复折腾后的结果却是“反弹”。其实减肥没有“反弹”这个说法，胖瘦是人体吸收和代谢能力呈现出来的结果。除非减肥方法已经伤害了你的身体或造成厌食症，否则饮食和作息习惯不好的话还是会再度发胖。唯有形成良好的生活和饮食习惯，你才可以拥有不容易胖的身材。

本书是我二十多年研究与实践成果的总结，其中包含全身各部位简单、有效的塑身动作，只要大家坚持，梦寐以求的窈窕身形将指日可待。希望本书能给你们解除有关身材和容貌的疑惑，避免使用危险性的美容方法，轻松、安全地享有美丽与健康！

阅读本书后的朋友，希望大家能用微博、微信与我分享您的宝贵意见和塑身经验。万分感激您的参与。

感谢担任本书动作示范的模特董路的大力支持，感谢北京菲凡天颜美容健康管理机构为本书插图拍摄提供场地。最后还要感谢帮助过我的许多前辈、师长及友人，还有广大爱美的你们，因为你们，我才有动力不断地研发和写作，再次感谢！

张富源

2014年3月1日

# 3重好礼 回馈读者

## 奖项设置

1.张富源老师发明的缩臀机1台（市场价：1680元/台）

2.张富源老师研发的瘦身按摩精油20瓶（市场价：680~980元/瓶）

3.张富源老师设计的化妆包20个（市场价：68元/个）

说明：以上为每场/每次活动的奖项数量。

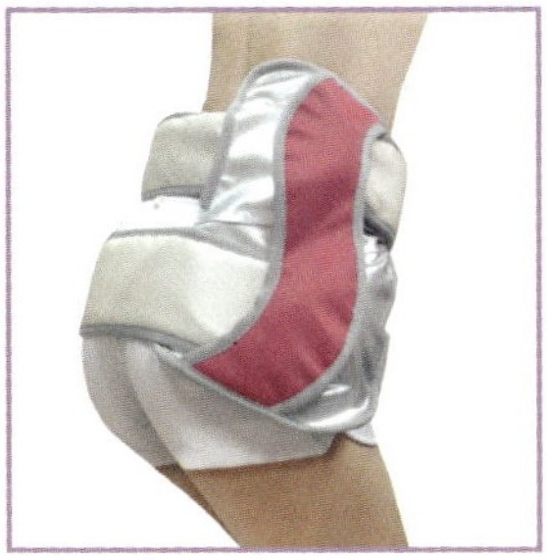

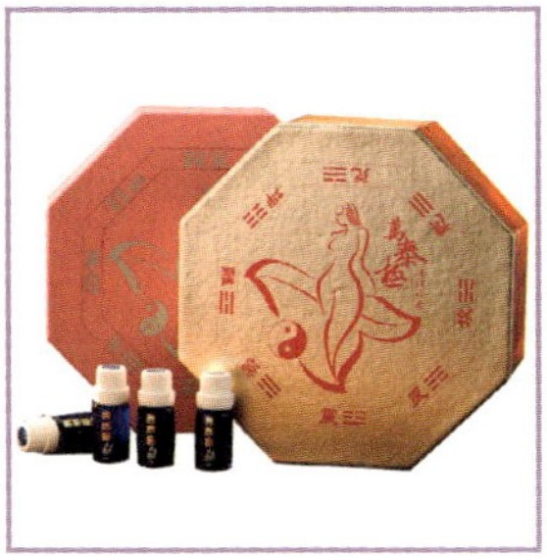

## 参与方式

将此抽奖券填妥并通过以下方式参加抽奖，即有机会获得大礼。名额有限，送完为止。

**千万不要错过！**

**1.现场抽奖：**持此抽奖券在张富源老师2014年全国巡讲活动现场参与抽奖（巡讲日程安排敬请关注日知图书、北京大学出版社、张富源的微博和微信）。

**2.网络抽奖：**在新浪微博@日知图书、@北京大学出版社、@张富源，或微信“日知图书”“北京大学出版社”“张富源徒手塑身班”，晒单、评论或转发抽奖信息，也有机会参与抽奖。

《姿势对了，你就美了》抽奖券

| | | | | | |
|---|---|---|---|---|---|
| 姓名 | | 性别 | □女 □男 | | |
| 出生日期 | 年 月 日 | | | 婚姻 | □未婚 □已婚 |
| 学历 | □小学 □初中 □高中 □中专 □大学 □研究生及以上 | | | | |
| 职业 | □学生 □传媒业 □公务员 □制造业 □服务业 □金融保险 □贸易业 □出版业 □餐饮业 □自由业 □其他________ | | | | |
| e-mail | | 微博 | | 微信 | |
| 电话 | | | | | |
| 通讯地址 | | | | | |
| 您对本书的建议 | | | | | |

★沿虚线剪下，凭此券抽奖